L'ABBÉ F. BELLEVILLE

La Conversion de M. Huysmans

Chez l'Auteur

à Bourges

LA
CONVERSION DE M. HUYSMANS

L'ABBÉ F. BELLEVILLE

La  Conversion

de M. Huysmans

Deux francs

Chez l'Auteur

Bourges

PRÉFACE

Les journaux annoncent que M. Huysmans se fait ermite : c'est bien.

Mais la Province, pour laquelle il quitte Paris, n'a-t-elle pas le droit de l'arrêter à la douane, d'examiner ses papiers, ses bagages ?

Sous le couvert de sa conversion, sous le pavillon de la *Bonne Souffrance* de M. Coppée, ses œuvres vont partout, on les achète de confiance, on les lit sans précaution, peut-être les laisse-t-on sous les yeux et aux mains de la jeunesse. Pourtant cet auteur est discuté ; il a, en province comme à Paris, ses adversaires et ses partisans, qui le jugent les uns et les autres sur des impressions vagues plutôt que d'après une étude qu'ils n'ont ni le temps ni la volonté d'entreprendre.

Il était donc bon, je crois, que quelqu'un se mit à y regarder de plus près, et c'est pourquoi je me suis fait le *puisatier* de cet écrivain. Le lecteur verra ce que j'ai pu extraire de ses œuvres.

Le résultat de ce travail est une condamnation sévère des écrits de M. Huysmans, du ton et de l'attitude qu'il prend dans l'Eglise, contre tout ce qu'il y a de plus respectable et de plus sacré. Ma conclusion est donc opposée à celle de ses partisans. Au premier rang se trouve M. François Coppée que j'ai le devoir et le malheur de contredire.

L'illustre académicien a fait de notre auteur un éloge qui engage sa responsabilité dans la mesure de son influence sur l'opinion publique, et c'est beaucoup dire, car ce grand écrivain est encore un converti qui nous présentait un autre converti.

Inséré dans la *Bonne Souffrance,* son article avait d'abord paru dans le *Journal,* une sorte de temple littéraire, où les Mirbeau, les Silvestre, les Mendès et autres Catulles sacrifient à Vénus. Je ne dis pas cela pour reprocher à M. Coppée de garder une place dans les colonnes de ce *Journal,* et je ne suis pas de ceux qui soulignent leurs reproches d'un sourire d'ironie en rappelant les six ou huit cents francs qu'il touche pour chacun de ses articles. Sans doute, Louis Veuillot refusa net les trente-six mille francs par an que lui offrait M. de Villemessant pour donner un article par semaine au *Figaro ;* et ce refus honore singulièrement le grand journaliste ; mais rien ne m'empêchera de regretter les chefs-d'œuvre que nous promettaient les largesses du *Figaro*. Il n'est donc pas mauvais que M. Coppée reste là, puisque, seul peut-être, il peut faire entendre la bonne parole à ce monde où il y a tant de ces *mérétrices* que l'Evangile ne veut pas décourager.

Admettons que, converti, il soit l'apôtre du demi-monde. Allez jusqu'à dire, si vous voulez, que l'éloge de M. Huysmans pouvait paraître sans trop d'inconvénients dans une telle feuille ; mais il n'en va pas de même pour la *Bonne Souffrance* qu'on a lue ou qu'on lira dans toutes les familles honnêtes et chrétiennes. Or, à part quelques réserves certainement insuffisantes, M. Coppée y fait grand éloge de M. Huysmans et le présente aux catholiques comme un converti et même comme le modèle des convertis. Jetant un regard sur le monde, il observe avec raison le travail qui se fait aujourd'hui dans les âmes et qui ramène à l'Eglise tant de nobles égarés. Il a certes le droit d'en parler, puisqu'il est au premier rang de ces hommes qui ne prennent pas tous le même chemin et qui ne marchent point du même pas, mais qui tous tendent au même but. L'Esprit souffle où il veut, comme il veut ; et Dieu choisit à son gré les agents de sa miséricorde. C'est la souffrance qui a tourné le cœur de M. Coppée vers Notre-Seigneur. Je croirais volontiers que Bossuet convertira M. Brunetière, et Louis Veuillot M. Jules Lemaître.

Je ne sais quel vent nous ramène M. Huysmans. Mais je constate que cet instrument des volontés divines, infidèle ou contrarié, ne s'est pas acquitté de sa mission ; car cette conversion n'est pas complète, j'ai le regret de le dire à M. Coppée. Il est académicien, je suis prêtre ; qu'il ait une autorité souveraine pour apprécier, pour exalter même, s'il veut, le style pourtant bizarre de M. Huysmans, je l'admets. Mais qu'il veuille reconnaître en retour que j'ai quelque compétence pour apprécier sa conversion, et qu'il ne se récrie pas trop si je ne me range pas à l'avis qu'il a exprimé.

Aussi bien, il me semble qu'il est assez difficile à satisfaire : « Quand donc, s'écrie-t-il, prendrons-nous l'habitude d'accepter un écrivain tel qu'il est ? » Ne vous semble-t-il pas, Monsieur, que c'est aller un peu loin ? Et je ne sache pas que l'Académie elle-même se conforme à cette règle, puisqu'il est des écrivains qu'elle ne prend pas du tout. L'Eglise de même, avec une nuance assez sensible ; car, si elle prend tous les pécheurs, sans avoir égard à ce qu'ils sont, elle s'inquiète de ce qu'ils doivent être ; elle ne les prend tels qu'ils sont que pour les changer ; cette règle s'applique aux pécheurs de lettres tout comme aux autres ; et donc, en prenant tel qu'il était M. Huysmans, l'Eglise se proposait de le rendre tout différent. .Car il n'est pas admissible, vous le savez bien, qu'un libertin se convertisse en gardant sa concubine : à plus forte raison, un écrivain ses mauvais livres.

Tel est le cas de M. Huysmans : il est inouï dans l'Eglise.

Il est inouï qu'un écrivain ait prétendu se convertir sans désavouer ses écrits scandaleux.

Il est inouï qu'un écrivain converti ait

continué de faire argent des œuvres immorales de sa vie passée.

Il est inouï qu'en se convertissant, il ait parlé des choses saintes dans les termes répugnants qui lui étaient autrefois familiers.

Il est inouï que, rentré dans l'Église, il use de ses premières libertés pour outrager le sacerdoce tout entier, couvrir de ridicule les fidèles et attaquer indignement les plus respectables objets de leur dévotion.

Si tout cela peut se concilier avec les caractères d'une conversion « sincère », que quelqu'un se lève pour soutenir cette thèse étrange.

En attendant, il semble bien qu'il ne saurait y avoir à ce sujet aucune division parmi nous. Les dissidences que j'ai déjà signalées n'ont pas d'autre cause que l'ignorance de ces ouvrages. Si ce modeste travail peut contribuer à dissiper ces ténèbres, j'en remercierai Dieu.

Je le prierai aussi d'éclairer l'âme de celui dont je signale les écarts. Quand il aura compris qu'on ne l'attaque sévèrement que pour le bien de son âme et pour le salut de ceux qu'il peut perdre ; qu'on ne cherche qu'à

l'instruire même malgré lui, en lui présen-
tant la lumière comme à la pointe d'un éclair
chargé de la foudre ; qu'on veut le débarrasser de ses préjugés, le protéger enfin
contre lui-même, il cédera, nous l'espérons,
à l'évidence, à la force de la vérité, et nous
aurons gagné un frère.

LA CONVERSION DE M. HUYSMANS

PREMIER ENTRETIEN

LA CONVERSION DE M. HUYSMANS

PREMIER ENTRETIEN

LA QUESTION

Discussion. — Le chanoine et l'aumônier. — Pour et contre. — Le missionnaire. — Heureuse conversion. — Soupçons. — Les parrains de M. Huysmans. — Taxil. — Un article de journal. — Un article de Louis Veuillot. — Précautions. — Durtal-Huysmans. — Trois ouvrages. — Un vent de conversion. — Les lecteurs de M. Huysmans. — Le Parisien. — La bohême et le noble faubourg. — Les mystères de la vie catholique. — Conversion de romancier. — Le déjeuner d'Ezéchiel. — Roman vécu. — Cloisons étanches. — Préface. — Confession. — Sainte Lidwine. — Prophétie. — Sur le Parisien. — Projet de brochure. — Dangers. — M. François Coppée. — Résolution.

LE CHANOINE

Asseyez-vous donc, mon cher Missionnaire ; et laissez-moi d'abord vous remercier de votre bonne visite. Évidemment vous avez prévu que vous pouviez nous être utile et vous êtes accouru avec l'empressement d'une charité toute fraternelle.

LE MISSIONNAIRE

J'ai prévu tout d'abord, Monsieur le Chanoine, que je serais accueilli dans cette maison avec cette amabilité qui distingue nos anciens dans le sacerdoce, et que je passerais ici quelques bons moments. Je vois bien que je ne me suis pas trompe.

LE CHANOINE

Si vous continuez sur ce ton, l'aumônier du Carmel croira naturellement que vous nous flattez : il se demandera quelles raisons vous pouvez avoir pour cela, et il ne manquera pas d'en trouver.

LE MISSIONNAIRE

Qu'il en trouve, s'il peut. Je dis ce que je pense, et, sans avoir votre âge, je constate qu'il y a bien des choses qui s'en vont. La vieille urbanité française s'en va, et jusque dans le clergé les gentils-hommes disparaissent. On dit que, dans le monde, le fumoir pour les hommes, le chien pour les dames, exercent une influence déplorable à ce point de vue. D'où vient donc que l'on rencontre quelques prêtres qui ne saluent plus leurs confrères dans la rue ? Vraiment, nous sommes un monde « fin de siècle ».

LE CHANOINE

Il se pourrait que les hommes et les choses de ce temps n'aient pas d'autre caractère aux yeux de la postérité. Nos œuvres, dans tous les genres, seront désignées par ce mot : style « fin de siècle ». Oui, c'est à ce trait qu'on nous reconnaîtra, nous et nos ouvrages ; et, plaise à Dieu qu'il ne s'applique point aux choses de la religion, je veux dire à ce qui intéresse la religion, aux évènements qui la touchent, aux hommes qui évoluent autour de l'Église. De tout temps, il s'est fait un mouvement d'âmes qui revenaient à la foi, qui se convertissaient après une vie plus ou moins coupable. Ce mouvement n'a pas cessé ; il ne cessera pas. Mais je me demande si telle conversion qui s'opère sous nos yeux ne mérite pas le nom de conversion « fin de siècle » ? et c'est pourquoi je me félicitais tout à l'heure de votre visite, escomptant déjà le service que vous pouviez nous rendre, à M. l'Aumônier du Carmel et à moi.

L'AUMONIER

Vous qualifiez durement, Monsieur le Chanoine, une conversion qui réjouit l'Église, encourage les faibles et excite, jusque dans nos monastères, tant d'actions de grâces.

LE CHANOINE

Jugez par là que nous sommes en désaccord et que vous venez bien à propos pour nous éclairer et trancher la question. Car si nous sommes d'avis contraire, M. l'Aumônier et moi, nous ne sommes ni l'un ni l'autre (je le dis pour moi d'abord) à même de soutenir notre avis, de l'éclairer suffisamment pour que l'un des deux contradicteurs soit obligé de se rendre aux raisons de l'autre. Mais, vous

2.

nous apportez précisément ce qui nous manque à l'un et à l'autre, une connaissance plus que suffisante des évènements contemporains. Vos voyages, vos relations, vos séjours multipliés et prolongés dans la capitale, vos prédications, sans parler des travaux du publiciste auxquels, sans doute, vous n'avez pas renoncé, tout contribue à vous mettre au courant de choses dont nous autres, provinciaux, nous ne pouvons avoir que des échos tardifs et plus ou moins fidèles.

LE MISSIONNAIRE

Vous pourriez bien être dans l'erreur, Monsieur le Chanoine. Sans doute, j'ai voyagé ; mais, dit le proverbe : « Pierre qui roule .. », et puis un missionnaire voyage un peu comme le chameau des caravanes orientales, chargé de précieuses marchandises, qui l'empêchent de détourner vers les sites plus ou moins pittoresques son attention. J'avoue pourtant bien volontiers que je n'ai pas imité jusqu'à l'héroïsme l'exemple de ces saints qui traversaient le monde sans rien voir. Aussi bien j'ai cru que nous avions le devoir d'être de notre temps et de le connaître. La prédication ne doit-elle pas s'adapter aux besoins des hommes, par conséquent les suivre dans leur vie et dans le mouvement de leurs opinions ! Et puis, quoique j'aie cessé d'être publiciste, il y a le tempérament, le désir de savoir ce qui se dit, de venger au besoin la vérité, de louer un honnête homme, de crosser un malfaiteur et de croquer un imbécile, le souvenir des âpres et douces polémiques..... Mais il est probable que mon attention n'aura pas été dirigée vers l'objet qui vous divise.

L'AUMONIER

Nous allons bien le voir ; et puisque c'est moi qui ai tout d'abord levé ce lièvre, je vous demande la permission de dire comment je me suis fait une opinion que je crois sérieuse, et que je trouve si consolante, sur la conversion de M. Huysmans.

LE MISSIONNAIRE

Oui, Monsieur l'Aumônier, je serai heureux d'entendre le récit de la genèse de vos idées sur ce sujet. Mais, je vous ferai tout d'abord observer, si vous le voulez bien, que la conversion de M. Huysmans n'est plus tout à fait récente, et je me demande pourquoi cette question est encore pour vous une question pendante. Car, si je ne me trompe, le récit de cette conversion a paru, il y a quelques années, dans le volume qui a pour titre : *En route*, ce qui, dans la pensée de l'auteur, veut évidemment dire : Confession ou conversion.

LE CHANOINE

Eh! mon Dieu, cela est très simple. N'oubliez pas, je vous prie, vous qui avez été quelquefois parisien que nous sommes provinciaux, et qu'en dépit de tout il y a encore loin de Paris au centre de la France. Au surplus, je me demande si Paris remplit toujours bien son rôle de Ville-Lumière. Puisque les Parisiens affectent de ne pas nous connaître, nous provinciaux, et de nous imposer leurs idées, ils devraient bien nous en instruire. Mais voici la relation du provincial au parisien : si le parisien ne me connaît pas, c'est que je suis obscur ; si je l'ignore, c'est, à n'en pas douter, que je suis ignorant. Il y a là une nuance fine d'esprit parisien qui ne vous échappe pas.

L'AUMONIER

Quoi qu'il en soit, il n'y a que fort peu de temps que j'ai eu l'occasion de causer d'un fait qui paraît intéresser les lettres aussi bien que la religion, car il paraît que cet écrivain est des plus remarquables et que son entrée dans l'Eglise peut, en même temps, amener une révolution, mais une bonne et saine révolution dans la littérature. Ce serait quelque chose de comparable au romantisme de 1830 et au naturalisme de ces derniers temps ; et comme cela se ferait au service de la vérité, je vous laisse à penser quelle puissance une nouvelle école littéraire appelée à grouper tous nos jeunes écrivains mettrait à la disposition de l'Eglise. On ne peut vraiment calculer les conséquences de cet événement. Messieurs, il faut bénir Dieu : la conversion de M. Huysmans est le prélude de celle du vingtième siècle.

LE CHANOINE

Allons, mon ami, nous savons bien que vous êtes éloquent.

L'AUMONIER

Vous triomphez, Monsieur le Chanoine, de ce que
je me suis laissé aller à cette digression ; il y a pourtant là quelque chose. Mais ce n'est pas ce que je
voulais dire. J'avais l'intention de raconter simplement à M. le Missionnaire comment j'ai été mis au
couránt de cette affaire. Mes renseignements me
viennent du monde et du cloître. C'est un de mes
amis, laïque intelligent et instruit, qui, le premier,
me parla des livres de M. Huysmans et de sa conversion.

Par les détails qu'il me donna sur les états d'âme
successifs, sur les études mystiques, sur la valeur littéraire de cet écrivain, je compris que cela
pouvait être d'un haut intérêt pour le monde religieux. Car, si j'en croyais mon ami, la mystique
chrétienne n'avait pas eu, depuis plusieurs siècles,
d'interprète plus compétent, et ses livres étaient
appelés à devenir classiques dans les couvents. Je
me fis donc un devoir d'en parler à la supérieure de
mon couvent du Carmel. J'avoue que je ne fus pas
médiocrement surpris de la trouver parfaitement
instruite de tout ce que j'avais la prétention de lui
apprendre. Elle savait que M. Huysmans s'était
converti, et la lettre qui lui avait apporté cette nouvelle lui avait appris du même coup que cette conversion était due aux prières qu'on avait faites
pour lui dans un grand nombre de communautés
religieuses comme dans la nôtre. Je vous laisse à
penser quelle joie ce fut pour les âmes qui,
oublieuses d'elles-mêmes, ne cessent d'offrir à Dieu

leurs prières, leurs œuvres et leur vie même pour le salut des autres.

Mais la supérieure ne sera satisfaite que le jour où elle aura pu procurer à ses religieuses des écrits où elle s'attend à trouver de si belles choses sur la mystique. Il lui tarde de voir esquissés de la main de M. Huysmans les portraits des grands saints du moyen-âge, dont la vie a été si extraordinaire, depuis saint François d'Assise jusqu'à la grande sainte Thérèse. Cet ouvrage vient d'autant plus à propos que les écrits de ce genre ne sont pas communs dans notre siècle, et il faut bien ajouter que la bibliothèque entière des grands mystiques n'est pas, en somme, bien considérable ; et il ne faut pas beaucoup de temps à nos moniales pour en faire le tour. Ce sera donc une richesse de plus, un chef-d'œuvre peut-être, un livre qui ouvrira, dans la carrière de la vie mystique, des voies nouvelles jusque-là insoupçonnées.

N'est-il pas naturel que j'aie été frappé de trouver, au fond d'un cloître, une impression toute semblable à celle que j'avais observée chez un homme du monde.

La supérieure de mon couvent pensait comme mon ami le laïque ; l'un et l'autre ont leurs renseignements, leurs raisons, leurs autorités. Je pense comme eux et je crois être en bonne compagnie. Sans compter, si vous me permettez cette réflexion, sans compter que ce n'est pourtant pas une raison, parce qu'un homme se convertit, pour que nous lui jettions la pierre. Je sais bien qu'il a été dit : *Omnes qui pie volunt vivere in Christo, perse-*

cutionem patientur. Mais je ne veux pas travailler pour ma part à vérifier cette parole.

LE CHANOINE

Toutes les fois que vous ferez appel à la charité, mon cher ami, nous serons d'accord. Je vous dirai seulement qu'il s'agit de savoir si vos religieuses n'en ont pas autant que l'autre besoin. Supposez un instant que ces fameux livres ne soient pas ce que vous croyez ; supposez qu'ils soient mauvais, la charité ne demande pas que nous le taisions pour ménager l'auteur, mais que nous le publiions pour protéger vos religieuses et tous les lecteurs catholiques.

L'AUMONIER

Oui, mais vous n'avez rien à dire contre cet homme et contre ses livres.

LE CHANOINE

Nous avons des craintes, des soupçons. Que ce soient des préjugés, si vous y tenez absolument, je vous l'accorde. Mais je ne trouve guère autre chose dans tous les motifs de crédibilité auxquels vous vous reportiez tout à l'heure. Oui, il est vrai que cette conversion a trouvé de l'écho dans le monde catholique. Mais je crois pouvoir observer que ce n'est là qu'une opinion qu'on est heureux d'accepter toute faite presque sans examen. Ce n'est pas une opinion éprouvée, une opinion de tout repos, si je puis m'exprimer ainsi. Presque partout

on entend faire des réserves sur les conditions
dans lesquelles se serait accomplie cette conversion,
sur le caractère étrange du récit qu'on nous en
présente, sur le passé et le bagage de l'écrivain, sur
le ton qu'il prend pour parler des choses de l'Eglise.
Il est vrai que tout cela manque de netteté, parce
que, encore une fois, en province, jusqu'à présent
du moins, nous manquons des éléments nécessaires
pour formuler un jugement sûr.

C'est pourquoi j'étais si heureux, pour ma part,
de vous voir arriver tout à l'heure. Je me tenais et
je me tiens pour assuré que vous apportiez la
lumière que nous cherchons. Par nous-mêmes,
vous le constatez, nous n'avons que des renseignements vagues, incomplets, qui ne peuvent que
s'annuler jusqu'à ce qu'il n'en reste plus rien,
comme ces deux chiens dont il ne restait pas même
la queue sur le champ de bataille ; nous restons
nous-mêmes bouche bée, n'ayant plus rien à dire.

L'AUMONIER

Je vous demande pardon. Si vous êtes réduit
au silence, Monsieur le Chanoine, moi, j'ai à dire
que M. Huysmans a ses partisans et même ses
parrains, qui l'ont présenté, accrédité dans l'Eglise.
Je suis sûr que M. le Missionnaire ne me démen-
tira pas.

LE MISSIONNAIRE

Non seulement je ne vous démentirai pas, Monsieur l'Aumônier, mais je dois dire, pour rendre
témoignage à la vérité, que cet écrivain a trouvé à

Paris même, et de divers côtés, des hommes consciencieux, éclairés, je dirai même autorisés, qui ont parlé de lui avec éloge, célébré ses livres et proposé sa vie à l'admiration des catholiques.

Vous pourriez savoir comme moi que M. le Marquis de Ségur, avec son amabilité bien connue, a loué, dans l'*Univers*, l'écrivain dont nous parlons. Un prêtre de Paris, non des premiers venus, a fait au Cercle catholique du Luxembourg une belle conférence sur son dernier ouvrage, et je comprends que dans la province, où les choses de Paris prennent, grâce à je ne sais quel mirage, une telle importance, cette démonstration ait produit plus d'effet qu'à Paris même.

J'ajouterai que, dans le monde de la presse et de la littérature auquel appartient notre auteur, un homme s'est trouvé qui, se convertissant lui-même, a fait, dans un livre aujourd'hui très répandu, son éloge. C'est M. François Coppée, charmant écrivain, qui, après avoir été éloigné de l'Eglise par les plaisirs de la vie, a été ramené à Elle par la douleur, par ce qu'il appelle « la bonne souffrance ».

L'AUMONIER

Eh bien, ne vous semble-t-il pas que ce soit plus que suffisant pour former, je ne dis pas une simple opinion, mais une conviction sérieuse ? Dès maintenant nous pouvons conclure.

LE MISSIONNAIRE

Ce serait peut-être aller un peu vite. Car si

j'ai pu apporter en faveur de votre client, Monsieur l'Aumônier, les témoignages dont je ne cherche pas à atténuer l'importance. je dois vous dire qu'il y en a d'autres qui sembleraient le condamner. Le jugement sévère de certains organes de la presse, cette sorte de suspicion qui subsiste dans le clergé, la crainte que ce converti soit entré dans l'Église sans sortir de l'école du naturalisme pornographique à laquelle il appartenait, le bruit qui court qu'un de ses ouvrages a été déféré à la Congrégation de l'*Index*, tout cela ne doit-il pas vous incliner à suspendre au moins votre jugement ?

LE CHANOINE

.Décidément, mon cher Missionnaire, vous passez dans le camp des modérés et je me demande ce que vos amis vont penser de cette évolution ? Pour moi, je tiens à faire preuve de discipline ; je suspends donc mon jugement, mais je m'arme de toute ma méfiance. C'est que, voyez-vous, nous sommes condamnés, nous autres, à être dupes éternellement. Or, je veux bien que les faux pauvres, les estropiés artificiels, les aveugles qui voient me trompent et me volent ; mais ne me parlez pas des Tartufes.

L'AUMONIER

Il n'est pas vraisemblable que ce mal soit présentement bien à craindre. Car, je vous le demande, qui pourrait bien avoir intérêt à paraître catholique contre sa conscience ? Nous sommes à une époque où les croyants n'osent point paraître tels. Comment voulez-vous que les incrédules affichent une foi qu'ils n'ont pas? Pour quelle raison voulez-vous qu'ils songent à s'affubler du manteau de Tartufe?

LE CHANOINE

Toujours pour le même, pour le bon motif : l'intérêt. Chose singulière ! Vous croyez que notre époque a changé même le caractère de l'hypocrisie, qu'elle ne favorise que les fanfarons du vice et de l'incrédulité et qu'elle nous a délivrés du type de Tartufe; et c'est de notre temps qu'on a vu le plus répugnant de ceux qui ont pu mériter ce nom. Certes, puisque je vous l'ai promis, mon cher Missionnaire, je garde suspendu mon jugement sur l'écrivain mystique tant apprécié par préjugé dans nos couvents, et je ne rapprocherai pas son nom de celui dont vous venez d'évoquer, sans le vouloir. le souvenir.

Je parle de l'écrivain qui s'était fait une spé-cialité lucrative de la librairie anticléricale. Vous savez qui je veux dire : ne lui faisons pas l'honneur de le nommer ici. Après avoir longtemps exploité cette veine qui lui réussissait, il eut une idée de génie : il conçut et réalisa le plan d'une librairie cléricale. Ce qui ne veut pas dire qu'il abandonna sa première opération, car il se sentait assez fort pour mener de front deux entreprises si contraires l'une à l'autre. Pour cela, il fit deux mouvements très simples : il se sépara de sa femme, qui demeura comme déléguée aux affaires anticléri-cales ; et il s'unit par une conversion retentissante à l'Église sous l'égide de laquelle il se mit, du jour au lendemain, en moins de temps qu'il n'en faut pour changer de chemise, à son affaire cléricale.

Vous n'avez pas oublié la joie sincère avec laquelle on salua dans toute l'Église le retour de ce prodigue. Il y avait peut-être lieu pour le catholique de suspendre son jugement : il ne le fit pas. Personne ne songea à s'étonner de voir ce pître remonter, après une pirouette, sur le même théâtre et chanter de la même voix la gloire du Dieu que la veille il blasphémait. Lui aussi, il avait pour parrains des catholiques connus, il groupait autour de lui des écrivains, hommes et femmes de talent et de foi, et, grâce à eux, il trompait la bonne foi du Souverain-Pontife qui le reçut, si j'ai bonne mémoire, en audience privée.

Je n'exagère rien en disant que son succès fut immense, et c'est ce qui le perdit. Il crut qu'il pouvait tout oser. Hélas ! il ne se trompait guère. Tout le monde voulait lire ses livres, pourtant étranges, sur la Franc-Maçonnerie et le Satanisme. Rappelez-vous le *Diable au XIXe siècle*. C'est là que la justice l'attendait. Comme il avait inventé pour le besoin de son roman un héros qu'il présentait, non comme un être d'imagination, mais comme un témoin vivant des mystères abominables de la Maçonnerie, on finit par s'étonner de ne jamais voir paraître cette prétendue Miss Diana Vaughan, et de toutes parts on lui demanda le certificat de baptême de sa néophyte ; car Diana Vaughan s'était convertie comme l'auteur de l'affreux livre que vous savez contre Pie IX.

Mais cet homme était déjà une puissance, et quand par la plume implacable d'Eugène Tavernier, l'*Univers* l'attaqua, l'immense clientèle qu'il avait dans le monde de la piété et dans le clergé lui-même se souleva pour défendre son prophète. Pour démasquer l'imposteur il fallut affronter la colère des dupes qu'il avait faites parmi nos frères.

Vous savez comment tout cela finit.

LE MISSIONNAIRE

Nous ne le savons que trop. Le misérable, acculé à son dernier mensonge, comprenant que la dernière ficelle de sa grossière fourberie allait lui manquer, avoua tout, publiquement, dans une conférence à laquelle il avait invité ses contradicteurs pour les confondre en présence des délégués de la presse. Sa conversion n'était qu'une supercherie ; et il s'en vantait maintenant tout haut. Il avait voulu savoir jusqu'où pouvait aller la niaiserie des catholiques, et il constatait, disait-il, qu'ils sont capables de tout avaler. Il partit là-dessus.

Mais que faites-vous ? Monsieur le Chanoine. Votre chaise va glisser et vous ferez sur le parquet une chute des plus dangereuses.

LE CHANOINE

Ne craignez rien, dit-il, en descendant. J'ai encore, malgré mes soixante-quinze ans, bon pied. C'est ce numéro de journal que l'année dernière j'avais mis là-haut, au dernier rayon, pour le retrouver au besoin. Tenez, il y a là un article qui rend bien à mon avis les sentiments que nous avons tous éprouvés quand la plus rare des figures de traître disparut dans une avalanche de huées et de malédictions.

LE MISSIONNAIRE

Si vous nous lisiez cet article, cela nous reposerait un peu.

LE CHANOINE

Très volontiers, mon cher Missionnaire J'en serai d'autant plus heureux que cette lecture éveillera sans doute dans votre esprit des souvenirs assoupis L'auteur de l'article écrivait :

« Nous n'avons rien dit d'un aventurier de bas étage dont la tête, sinon le buste, doit occuper sa place dans notre galerie de malfaiteurs. On en trouverait de plus grands, de plus complets, de plus glorieux ; et j'avoue qu'en présence de ce type j'aurais un faible pour tous les forbans de la juiverie, de la maçonnerie, de la banque et de la politique.

» Notre homme est à un degré pour le moins au-dessous de Judas. C'est-à-dire qu'après lui, il n'y a plus rien ; impossible de trouver plus cynique, plus répugnant, plus méprisable.

» Echappé du séminaire, il est parti avec l'intention bien arrêtée de faire parler de lui en gagnant de l'argent, ou de gagner de l'argent en faisant parler de lui. Originaire de Marseille, il crut avoir tout ce qu'il fallait pour reculer encore les bornes connues de la fumisterie. Son succès est tel aujourd'hui que tous les fumistes du monde se trouvent déshonorés en constatant que ce pître a la préten-

tion d'être l'un d'eux : déshonorés les farceurs qui
font rire même aux dépens des plus saintes choses;
déshonorés les charlatans les plus éhontés ; déshonorés les misérables qui s'affublent d'un costume
respectable pour dévaliser les églises.

» Celui-là se flatte, évidemment, quand il cherche
à faire croire qu'il a été toute sa vie un fumiste. Il
faut qu'il reprenne son masque de basse hypocrisie ;
il faut que, pour lui, Molière fasse un nouveau
Tartufe.

» Hypocrite, il a ce trait qui lui est tout personnel, qu'il l'a été jusque dans le mal. Hypocrite
de la vertu, cela ne devait pas lui suffire : il a été
hypocrite du vice, et avec autant de succès d'un
côté que de l'autre. Ce qui le caractérise, c'est qu'il
a exploité l'une et l'autre carrière, et qu'il n'a pas
été moins heureux comme catholique que comme
anticlérical.

» Longtemps, on l'avait vu mener contre la religion une campagne d'égoutier. Pour attirer l'attention publique, il cherchait alors à dépasser les
pornographes connus, et il y a réussi. A pleine
bouche, il a jeté l'ordure à tout ce qu'il y a de plus
saint au ciel et sur la terre, n'ayant de rival dans
ce métier que le pauvre Rochefort qui, par faiblesse
du système nerveux et peut-être par un reste de
préjugés d'éducation, demeure incapable de sup-
porter aussi longtemps que lui cette atmosphère.

» Quand il eut épuisé cette veine, il éprouva le
désir de changer de distraction : il se fit catholique,
à grand renfort de publicité et de fumisterie. Cette
conversion fut célébrée par tous les journaux. Ce

fut une joie universelle dans l'Eglise, et Tartufe put constater que ses anciens amis en étaient consternés, heureux de tromper si parfaitement les uns et les autres...

» Sans ménagements, sans transition, sans pudeur, il a changé d'attitude et de ton, de langage, de vie et de peau, si bien que, du jour au lendemain, il a écrit, débité, vendu, avec le même fracas, avec le même tambour, avec les mêmes gestes et les mêmes contorsions, des livres catholiques ou soi-disant tels, lui, l'organisateur de la librairie anti-cléricale.

» Les catholiques réfléchis jugeaient que c'était indécent, mais ils laissaient faire, si bien que les bonnes âmes finirent par se prendre au boniment.

» On devait aller loin dans cette voie. A la fin, le misérable barnum abusa de ses succès et crut qu'il pouvait tout se permettre. Il battit monnaie sur la crédulité publique... Mais à force d'audace, le fumiste compromit son affaire, et il finit comme tous les funambules. La corde rompue, il fit une chute, et, quoi qu'il en dise, il a quelque chose de cassé, il ne remontera plus ni sur l'une, ni sur l'autre de ses cordes...

» J'ai voulu esquisser ici la silhouette du personnage qui est bien le produit le plus étrange d'une époque si étrange elle-même. Il va redescendre à l'égout, et nous espérons bien que son nom y périra avec le bruit qu'il a fait. »

L'AUMONIER

Très bien ! Je vous remercie pour ma part de

m'avoir rappelé cet article que j'avais lu avec un vrai soulagement ; et je vous assure que je suis très heureux d'en faire mes remerciements à l'auteur.

LE MISSIONNAIRE

Renvoyé à défunt l'*Abbé de l'Epée* qui, sans doute, n'y sera pas insensible au fond de la tombe où il n'est peut-être qu'assoupi.

LE CHANOINE

Il m'a semblé que cet article était une véritable exécution, une décharge de mépris condensé, à très haute dose. Et puis, j'ai remarqué avec d'autres que le nom du criminel ne s'y trouve même pas : il est exécuté anonyme. Pour épitaphe, ce mot : *Au-dessous de tout*.

L'AUMONIER

A ce propos, je me rappelle très bien un article que, il y a quelque vingt-cinq ans, Louis Veuillot consacrait, comme oraison funèbre, à un vieux ancien bourgeois de 1830. Quelques coups de crayon pour esquisser la silhouette du personnage ; un souvenir personnel pour rappeler qu'il lui avait offert un louis en l'accompagnant d'un conseil obscène ; deux phrases pour dire que Gambetta avait versé sur sa tombe « un pleur de ses lèvres, son œil unique n'en donnant plus ». C'était tout ; et, sans daigner l'appeler par son nom, il le congédiait, il envoyait à la postérité ce colis anonyme sans autre étiquette qu'un sobriquet : il l'appelait un *freluquet* de 75 ans.

LE MISSIONNAIRE

Et il avait joliment raison. Certes, il convient à des catholiques d'honorer leurs adversaires; mais je vous demande si nous devons ce genre de considération à des ennemis tarés, qui se déshonorent eux-mêmes à tel point qu'on ne peut leur accorder que le silence du mépris ou le mépris du silence. Pour moi, je comprends qu'un publiciste qui est obligé de toucher à ces ordures ne le fasse qu'avec des pincettes.

L'AUMONIER

Je suis parfaitement de votre avis. Mais si vous voulez bien revenir à notre point de départ, vous conviendrez peut-être avec moi, Messieurs, que nous avons dévié, et que toute cette histoire manque pour le moins d'à-propos au milieu d'une conversation comme celle-ci.

LE CHANOINE

Je vous demande pardon, mon ami. Il ne s'agit certes pas, dans l'état présent de la question qui nous occupe et qui déjà nous divise, il ne s'agit pas de rapprocher l'un de l'autre et de comparer, pour les traiter de même façon, deux hommes, deux écrivains, parce qu'il semble à quelques-uns que le second de ces deux écrivains est entré dans l'Église par la porte d'une conversion douteuse, et qu'il garde une attitude, un ton, un langage qui paraissent plus que louches. Mais, rappelez-vous comme nous avons été honteusement pipés par ce bateleur ; n'oubliez

pas, s'il vous plaît, qu'il a eu des partisans achar-
nés, mettons aveuglés parmi les prêtres les plus
intelligents du clergé de France ; dites-vous que
nous avons été exposés à voir les catholiques divi-
sés, excités les uns contre les autres au sujet de
cet homme, prêts à se faire la guerre autour de
Diana Vaughan, que l'on a vu des assemblées de
catholiques, des congrès s'arrêter, pour la discuter
sérieusement, devant la question de savoir si cette
femme avait une existence réelle. Pendant ce
temps-là, le fourbe se gaudisssait avec ses complices de la simplicité des catholiques et de l'Église
elle-même qui devait recueillir sa part de l'humiliante et cruelle déception.

L'AUMONIER

Eh bien ! vous avancez toujours dans une voie où
je me refuse à vous suivre. Vous continuez de faire
entre ces deux hommes un rapprochement atroce
pour celui des deux qui, pour nous, n'est encore ni
condamné, ni même accusé, j'ose le dire, mais à
peine soupçonné.

LE CHANOINE

Admettons, pour vous être agréable, qu'il n'est
que soupçonné. Je n'ai pas de raison pour charger
cet homme plus qu'il ne convient, je ne le charge
pas du tout, et je n'oublie pas que j'ai promis de
suspendre mon jugement. Pour vous, mon cher
ami, reconnaissez que j'ai le droit de raisonner sur
la fausse conversion, sur la scandaleuse fumisterie
qui devait frapper au cœur l'Eglise. En vérité, la

triste expérience que nous venons de faire nous donne au moins le droit de nous garder un peu mieux. Si, une première fois, nos sentinelles ont manqué de vigilance, l'ennemi en a profité pour s'introduire dans la place à la faveur d'un déguisement. Ne vous semble-t-il pas que nous avons le devoir d'y regarder d'un peu plus près, et, pour peu qu'il y ait quelque chose de louche, de crier à ceux qui se présentent : On ne passe pas ! Le fourbe lui-même nous a traités de Béotiens, parce que nous n'avons pas su découvrir sa supercherie pourtant grossière. Nous serions absolument coupables, si, par notre faute, un autre pouvait tenter avec succès la même aventure. Quelle excuse aurions-nous à présenter, je vous le demande, si l'on nous annonçait une seconde édition de l'abominable farce dont nous venons de parler.

L'AUMONIER

Votre raisonnement serait dur, mais il ne porte pas. Quelle apparence, en effet, qu'il y ait à faire un rapprochement quelconque entre les deux hommes que vous persistez à comparer ! Vous voyez bien que cela est odieux.

LE CHANOINE

Cela est prudent. Au surplus, vous abusez un peu de mon insuffisance. Je vous l'ai dit simplement : assez peu au courant de cette affaire, je n'ai guère que des doutes, des craintes. Aussi, vous pouvez constater que je ne m'avance qu'avec

précaution sur un terrain qui ne m'est qu'imparfai-
tement connu. Je procède comme les vrais savants,
comme ceux qui veulent le devenir, ou comme les
gens pratiques, ou comme les guerriers, si vous
voulez ; je procède par hypothèses, et mes conclusions provisoires gardent le caractère qui leur
convient.

LE MISSIONNAIRE

Vous avez raison ; et je suis bien obligé de dire à
M. l'Aumônier que les apparences autorisent quelque défiance. Extérieurement, ces deux hommes
ont certains traits de ressemblance, dont les uns
restent sans conséquences, et les autres à première
vue me paraissent plus compromettants. Mais ce ne
sont que des apparences ; et il y a un abîme entre
ces deux hommes.

Ils sont écrivains tous deux : l'un et l'autre de
l'école naturaliste, pornographes parfaits avant
leur rentrée dans l'Eglise. Converti, l'ancien conti-
nuait de faire vendre sa littérature anticléricale ;
on accuse tout haut M. Huysmans de n'avoir pas
corrigé ses œuvres antérieures, d'offrir même aux
lecteurs catholiques la scatologie de ces écrits et
de multiplier les éditions de *Là-bas*, à l'ombre de *La
Cathédrale*. Et je crois qu'en y regardant d'un peu
près, on trouverait bien des choses à noter dans
le récit même de la conversion de Durtal ou de
M. Huysmans.

L'AUMONIER

Qui voulez-vous dire : Durtal ?

LE MISSIONNAIRE

Vous n'avez pas encore fait connaissance avec Durtal, Monsieur l'Aumônier? Apprenez donc que Durtal et M. Huysmans sont un seul et même personnage. Huysmans écrit, Durtal agit. Durtal est le héros du roman dont Huysmans est l'auteur, qui écrit sous son nom ce qu'il fait sous le nom de Durtal; c'est ce qu'on appelle une autobiographie. M. Huysmans a voulu que l'on sût bien que son roman n'était qu'une histoire vraie, qu'il avait été vécu par l'auteur. Je ne sais s'il s'est assimilé à Durtal, quand celui-ci descendait jusqu'au dernier degré de la turpitude morale. Mais depuis qu'il s'est relevé, depuis qu'il s'est converti, M. Huysmans a éprouvé le besoin de faire crier un peu partout : La conversion de Durtal, c'est la mienne. Son odyssée a plus d'étendue que l'autre : il va plus loin qu'Ulysse, jusqu'à l'étable de Circé, mais il remonte plus haut, jusqu'au delà de la chambre de Pénélope. Car ce Durtal qui le personnifie tombe dans le « purin », comme il dit ; mais il se relève et s'en va prendre place dans la cathédrale où nous le trouverons en extase devant la vierge des vitraux qu'il appelle, par un reste d'habitude, une « moricaude ».

En effet, ce Durtal-Huysmans évolue à travers les aventures diverses des trois forts volumes que nous devons connaître, au moins de nom : *Là-bas, En route, La Cathédrale* ou le pécheur — converti — dans l'Eglise. Comme vous voyez, cela pourrait être très édifiant. Le malheur est que cela est révoltant dans le premier volume, scandaleux dans le second et tout à fait critiquable dans le troisième.

Là-bas est le récit de l'histoire de Gilles de Rais, du satanisme de nos jours et des turpitudes de Durtal lui-même.

En route contient sa confession, et elle ressemble plutôt à celle de Jean-Jacques qu'à celle de saint Augustin.

La Cathédrale, enfin, contient sur l'Eglise et les choses de l'Eglise des jugements qui pourraient bien être vigoureusement réformés.

Voilà, Monsieur l'Aumônier, une appréciation qui va sans doute vous paraître aussi rigoureuse que sommaire. Croyez bien que je ne vous la donne, si juste qu'elle me paraisse à moi, que comme un fil indicateur, et que je vous prie de ne l'accepter, si vous voulez, que comme un préjugé, une hypothèse à l'aide de laquelle vous pourrez vous frayer un chemin jusqu'à la vérité.

L'AUMONIER

Cela me paraît, en effet, aussi dur que sommaire ; et je puis bien dire que vous n'êtes pas tendre aux convertis. Ne craignez-vous pas de vous éloigner sensiblement de l'esprit de l'Eglise qui, elle, est si douce surtout pour ceux de ses enfants qui reviennent à elle ? Elle ne désire rien tant que leur retour ; elle les attire ; elle facilite à ces prodigues l'entrée dans la maison paternelle ; elle leur ouvre les bras ; elle ferme les yeux sur leurs fautes ; elle verse des larmes de joie toutes maternelles sur leur conversion. Prenez-y garde, vous allez endurcir ce cœur de mère, ce regard jusqu'à présent mouillé de larmes, cette physionomie si pleine d'attraits ; et qui donc reviendra vers elle, qui donc se convertira ? Pourtant, vous voyez qu'il se fait un mouvement dans le monde et surtout dans le monde des lettrés et des écrivains, auquel appartient M. Huysmans lui-même. De tous côtés on éprouve le besoin de se tourner vers l'Eglise et de lui demander le bienfait de la foi. Notre pauvre siècle a mis sa confiance dans la philosophie, dans la science et dans le plaisir. La philosophie tourne sans avancer dans un cercle qui doit être terriblement vicieux ; on vous dira que la science a fait faillite, excepté dans la chirurgie civile et... militaire ; quant à la jouissance et à la morale indépendante, elle laisse ses adeptes dans le dégoût d'eux-mêmes et des autres. Aussi, combien de philosophes, de savants, de critiques, de poètes et de romanciers qui tournent autour des portes de l'Eglise, arrêtés peut-être par la seule crainte de la difficulté et des exigences auxquelles il faudra se soumettre pour être admis ! Et c'est le moment que vous choisissez pour repousser ceux qui se présentent, au risque d'éloigner, de décourager, d'aigrir peut-être ceux qui s'apprêtaient à le suivre ! Qui vous dit que l'exemple de M. Huysmans ne va pas entraîner un certain nombre d'écrivains de talent comme lui, et qu'en le rejetant, vous ne causez pas en même temps la perte de ces âmes inquiètes ?

LE CHANOINE

Qui vous dit, pourrais-je observer à mon tour, que

cette conversion de M. Huysmans n'est pas un scandale qui les arrête ? Croyez bien, mon cher Aumônier, que ces hommes qui méditent aujourd'hui sur les bienfaits de la foi dans l'Église, se font une très haute idée de la démarche que tente un homme sérieux pour revenir à Dieu. Ils sentent fort bien que cela ne va pas sans un changement de vie très notable, sans un renoncement sincère à beaucoup de choses. Ils savent que le pécheur ne peut entrer dans l'Église que comme le riche entrera dans le ciel en se dépouillant, comme le chameau ne passe par le trou de l'aiguille qu'en se déchargeant ; et croyez bien que ce serait pour eux un scandale d'apprendre que M. Huysmans est entré jusque dans le sanctuaire avec la hotte d'ordure de ses livres. Ah ! si un portier d'église tout simplement perspicace et fidèle avait dit à M. Huysmans : Entrez, mon frère, mais déchargez-vous d'abord de ce fardeau qui charge trop vos épaules. Portez cela à l'égout. Il ne faut pas que ces pestilences empoisonnent l'air que doivent respirer vos frères... Mais quel est le portier qui a ouvert à M. Huysmans la porte de l'Église ? Croyez bien que l'application de cette discipline tout simplement nécessaire aurait donné à d'autres la plus haute idée du respect que l'Église a d'elle-même et de l'âme de ses enfants.

N'avez-vous pas entendu dire que c'est la morale qu'on demande d'abord à l'Église. On n'en a plus : on l'a sapée par la base, elle s'est écroulée. On a mis le décalogue au pillage. Et l'on est effrayé des conséquences de sa destruction. Si donc l'on en vient à croire que la morale catholique peut se concilier avec la morale de M. Huysmans, on ne croira plus en elle, on se détournera d'elle, sans espoir de retrouver nulle part sur la terre la vraie notion du bien.

L'AUMONIER

Voilà un danger qui semble bien imaginaire, et je n'en veux d'autres preuves que le témoignage de M. le Missionnaire. N'avez-vous pas dit tout à l'heure que M. Coppée avait fait l'éloge public de M. Huysmans ?

LE MISSIONNAIRE

J'ai dit, en effet, parce que c'est la vérité, que M. François Coppée s'était, dans le *Journal,* félicité de cette conversion, en même temps que du mouvement de retour que l'on peut observer dans le monde des lettrés.

L'AUMONIER

Et, moi, je pourrais ajouter que nous devons à la conversion de M. Huysmans la conversion de M. Coppée, puisque celle-ci a suivi celle-là.

LE CHANOINE

Sans doute, en vertu du raisonnement : *Post hoc, ergo propter hoc.*

L'AUMONIER

Reconnaissez du moins que cette conversion de M. Huysmans, qui devait empêcher tout retour à la religion des hommes de lettres, n'a pas nui à celui de M. Coppée?

LE CHANOINE

Mais je n'ai pas poussé jusque-là mon observation que je crois encore juste. Je dis seulement que le retour à la foi d'un homme qui, comme M. Huysmans, rentre dans l'Église avec quelque fracas, cherche à introduire jusque dans le sanctuaire un bagage littéraire tel que le sien, et à y parler une langue qu'il faudra bien étudier un peu, je dis que cet homme-là me blesse et me fait peur. Je crains qu'il n'éloigne plutôt ceux qui auraient le désir de l'imiter. Certes, M. François Coppée est un homme charmant, sa conversion m'offre de tout autres garanties que celle de votre héros ; mais je le crois porté à la bienveillance pour un écrivain qui est deux fois son confrère, et je le soupçonne un peu de n'avoir pas lu de près les œuvres de M. Huysmans.

LE MISSIONNAIRE

Et il ne faut pas s'en étonner. Vous trouverez par le monde beaucoup de gens délicats, instruits, chrétiens et même pieux qui vous diront avoir lu *En route* avec la plus entière satisfaction. Ils en sont sortis vraiment édifiés.

L'AUMONIER

Je n'en suis pas surpris, puisque j'en ai trouvé moi-même. Aussi, sans triompher trop bruyamment de vos aveux, du succès de ma cause et des hommages involontaires que vous rendez à mon client, je puis bien noter, Messieurs, ce que vous reconnaissez vous-mêmes, que M. Huysmans a des admirateurs sincères parmi les catholiques les meilleurs et les plus éclairés de notre temps.

LE MISSIONNAIRE

N'irez-vous point de ce pas recommander à Madame la Supérieure du Carmel de commencer dès ce soir la lecture de *En route* en présence de sa communauté ?

L'AUMONIER

Vous avouez bien vous-même que cette lecture a paru très édifiante à d'excellents et très pieux catholiques !

LE MISSIONNAIRE

Ce n'est pas un aveu pénible que vous m'auriez arraché, mon cher ami, c'est une constatation dont j'ai le droit de me prévaloir, moi, contre M. Huysmans, mais pas vous en sa faveur. Car j'ai lu ce volume, et je vous citerais vingt passages qui ont froissé ma délicatesse et ma pudeur, jusqu'au simple respect que l'on doit avoir pour les choses saintes. Si donc ces lecteurs, ces lectrices dont j'ai parlé n'en ont rapporté que de bonnes impressions, je ne veux pas en chercher la cause ailleurs que dans leur inattention. Et c'est là pour moi une preuve très frappante de l'obligation où nous sommes d'exercer une vigilance rigoureuse sur les livres qui circulent aux mains des fidèles. Je vous prie de me faire

crédit quelque temps, et je vous prouverai surabon-
damment que ce livre n'est pas bon à mettre, je ne
dis pas aux mains d'une carmélite, mais aux mains
d'un hussard.

L'AUMONIER

Tout cela me paraît bien étonnant et quelque
peu contradictoire.

LE MISSIONNAIRE

L'étonnement tombera comme l'apparence de
contradiction, ou plutôt il changera de côté, quand
vous aurez vu ce qu'il en est ; et vous comprendrez
alors pourquoi nous étions amenés, il y a quelques
instants, à rappeler l'histoire, la honteuse aventure de ce traître que nous n'avons pas voulu
nommer.

L'AUMONIER

Vous ne le nommez pas ; mais vous ne cessez de
le rappeler. Qu'est-ce que cela veut dire !

LE MISSIONNAIRE

Cela veut dire qu'il y a entre ces deux hommes
l'abîme d'une forfaiture. Mais cela veut dire aussi
que « chat échaudé craint (même) l'eau froide ».

Je crains que la chaudière de M. Huysmans ne
soit aussi brûlante que celle de l'autre et je me
garde d'y mettre la main. Dame, écoutez donc !

LE CHANOINE

Ecoutez donc, en effet. On sonne, et je n'ai pas
condamné ma porte. Il faut donc que je reçoive ce

visiteur. Mais, je vous en prie, ne partez pas avant lui, car il faut que nous reprenions notre entretien. Prenez plutôt l'air de gens qui ont ici quelque chose à faire, mon hôte comprendra qu'il a interrompu quelque sérieuse conférence et, par discrétion, il ne restera pas trop longtemps. Le voici. — Entre un quidam, grand, maigre, aux cheveux longs, long de sa personne encore allongée par un chapeau haut de forme, myope comme une taupe sous son binocle, facile à reconnaître à certains détails de toilette pour un célibataire, à certains autres pour un rapin de la plume ou du pinceau..., l'air intelligent et besoigneux. Il salue avec quelque embarras, entre en se baissant, heurte du pied le seuil, paraît un peu dérouté par la pénombre de la chambre, et, apercevant enfin le chanoine qui s'avance vers lui, il se jette dans ses bras : Mon cher maître, que je suis heureux de vous revoir ! Quand je pense qu'il y a plus de trente ans... Me reconnaissez-vous seulement ?...

LE CHANOINE

Si je me rappelle, mon pauvre cher enfant ! Mais je ne vous ai jamais oublié. En pourriez-vous bien dire autant ? Quand on est loin, quand on est à Paris, quand on est en train de devenir célèbre...

LE PARISIEN

Si j'ai oublié quelque chose de vous, ce n'est pas vous, certes, et la preuve je vous l'apporte.

(Il salue, en pivotant, ces Messieurs. Arrivé au

bout de son demi-cercle, il reconnaît le missionnaire.)

Tiens, c'est épatant ce que j'ai de la chance
aujourd'hui. C'est un heureux hasard qui veut que
je te rencontre ici après une si longue séparation.
Comment vas-tu ? Mais tu ne vieillis pas, toi, c'est
étonnant. On m'a pourtant dit que tu avais versé
dans la littérature, dans la presse, que sais-je ? Ça
use et ça ne nourrit guère son homme. On prétend
même que tu as commis quelques péchés.

LE MISSIONNAIRE

Oh ! tout petits.

LE PARISIEN

Sache bien, mon ami, qu'il n'y a pas de petits
péchés pour un prêtre, quand même ce ne serait que
des péchés politiques, et si tu veux que je te donne
toute ma pensée, surtout des péchés politiques. Et
que fais-tu, maintenant ?

LE MISSIONNAIRE

Je suis missionnaire, pour te servir.

LE PARISIEN

Tu veux dire pour me convertir. Un berrichon du
vieux temps n'aurait pas manqué de répondre : J'en
ai peut-être plus de besoin que d'envie.

LE CHANOINE

Et quelle est présentement votre situation ?

LE PARISIEN

Précepteur dans une bonne maison, un château des environs. Cela vous étonne peut-être. Mais voilà : J'ai un jeune homme, qui ne court pas les examens, qui a plus besoin de ma société et de ma conversation que de thèmes et de versions, et qui me paye mieux que mon éditeur. Avec cela, je peux revoir la campagne et la verdure ; j'y trouve des sites et des sous-bois à décrire, des bêtes, des paysans, des clairs de lune et des châtelains en château, pour le roman dont j'ai apporté de Paris le plan à peine ébauché.

L'AUMONIER

Vous êtes donc romancier ? Monsieur.

LE PARISIEN

Oui, Monsieur l'abbé, faut-il dire pour mon malheur ?

LE MISSIONNAIRE

Pourvu que ce ne soit pas pour le malheur des autres.

LE CHANOINE

Vous ne m'avez pas laissé le temps de vous présenter... — M. l'abbé est aumônier des religieuses du Carmel.

LE PARISIEN

Vous ne pouvez pas me faire un plus grand plaisir ni peut-être me rendre un plus grand service

que de me présenter à un aumônier de religieuses,
et de Carmélites encore. Pour ce roman dont je vous
parlais tout à l'heure, j'ai besoin de renseignements
sur la vie religieuse et cloîtrée. Et je me hâte de
vous dire, Monsieur l'abbé, que j'entends bien m'en
servir en écrivain respectueux des saintes filles qui
vivent ou plutôt qui meurent derrière les grilles du
cloître. Si donc vous voulez bien m'y autoriser, j'irai
vous prier de m'instruire de toutes ces choses
qui me sont absolument étrangères et qui restent
pour nous si difficiles à explorer. J'utiliserai vos
précieuses communications avec le respect et la
délicatesse, avec la loyauté et la fidélité d'un gentilhomme.

L'AUMONIER

Je serai d'autant plus heureux de me mettre à
votre disposition, Monsieur, que nous n'avons rien
de caché. La vie de nos religieuses est connue de
l'Eglise, et, en dépit de la clôture, on peut suivre
leur vie jusque dans le moindre détail, puisque tout
y est fixé par la règle. C'est là le miroir fidèle dans
lequel se reflètent tous les mouvements de la communauté.

LE PARISIEN

Vous m'étonnez bien. Pour nous, votre monde
reste fermé et impénétrable. Nous allons partout,
nous voyons, nous entendons tout. Vous pouvez
vous en rendre compte par nos romans.

LE MISSIONNAIRE

Croirais-tu par hasard que le clergé lit tes romans ?

LE PARISIEN

Tu n'a pas sans doute l'intention de me flatter énormément, n'est-ce pas ?

LE MISSIONNAIRE

J'ai surtout le désir de te dire une vérité.

LE PARISIEN

Je n'ai pas de peine à te croire. Au surplus, je t'assure que je n'ai jamais songé, pour ma part, à cette clientèle.

LE MISSIONNAIRE

Si c'est par modestie, je t'en félicite.

LE PARISIEN

Mais cela tient peut-être à ce que vôtre vie à vous est fermée, et que, ne pouvant pas en parler ni surtout la peindre, ne la connaissant pas, nos romans ne sauraient être pour vous intéressants. Tout le reste nous le pénétrons : la vie de l'homme du peuple et celle du grand seigneur ou de la grande dame ; le boudoir et la coulisse du théâtre et de la politique ; le conseil des ministres et les antres de la bourse et de la banque, tout nous est ouvert, c'est-à-dire que nous trouvons le moyen d'entrer partout, et de saisir les secrets de toutes les vies de nos contemporains. Quand, au contraire, il s'agit de la vie cléricale et religieuse, nous nous heurtons à des clôtures infranchissables.

L'AUMONIER

Mais je viens de vous dire, Monsieur, que rien n'était plus facile au contraire que de connaître la vie même des moniales les plus cadenassées derrière leurs grilles.

LE PARISIEN

Je ne l'oublie pas, Monsieur l'abbé, et je vous en demeure très reconnaissant. Mais je vois bien que vous n'êtes pas romancier. J'ajouterais bien : heureux mortel ! si vous permettiez cette familiarité. Pour nous, il nous faut voir de nos yeux, toucher de nos mains ; il nous faut le relief du document, le mouvement de la scène, la palpitation de la vie, et avec vous, nous n'avons rien de tout cela. Il y en a pourtant un parmi nous qui paraît avoir résolu ce difficile problème ; et je me demande comment il s'y est pris, ce farceur de Huysmans, pour dénicher tous ces détails sur la vie la plus intime de ceux qui vivent le plus enfoncés dans les ténèbres ecclésiales, comme il disait.

L'AUMONIER

Vous connaissez M. Huysmans ?

LE PARISIEN

Je ne connais que lui, Monsieur l'abbé. Il y a un quart de siècle que, ensemble, nous peinons dans la littérature. Vingt ans, nous avons habité côte à côte sur les frontières de la *Bohême*. Mais ce belge devait réussir puisqu'il servait aux Parisiens un français de Bruxelles. Il a donc monté et j'avoue que je l'ai un peu perdu de vue depuis qu'il fréquente et dîne chez les prêtres du noble faubourg et qu'il a ses entrées dans les hôtels de la rive gauche, dans les palais des grands quartiers nouveaux. Cela ne laisse pas de l'enorgueillir et il faut voir avec quel dédain il parle de ses anciens camarades. Nous ne sommes plus pour lui que les *trabans* de la littérature. Mais, avec tout cela, je me demande encore comment il a pu à ce point pénétrer les secrets de la vie religieuse.

L'AUMONIER

Ce qui me surprend, c'est que vous connaissiez si bien M. Huysmans, et que vous ignoriez si complètement un fait qui le couvre de gloire, sans lequel on ne peut plus guère, en effet, expliquer ni sa vie, ni ses œuvres.

LE CHANOINE

M. l'Aumônier a raison. Vous arrivez de Paris, vous êtes au courant de ce qui concerne et la littérature et les gens de lettres, vous avez été ami de M. Huysmans, vous connaissez ses ouvrages. vous n'ignorez pas les discussions, les polémiques dont il a été l'objet; comment se fait-il qu'un évènement, dont le bruit est venu jusqu'à nous, vous ait échappé jusqu'à ce jour?

LE PARISIEN

Vous m'intriguez de plus en plus, Messieurs.

LE MISSIONNAIRE

Tu n'as qu'à leur répondre comme cet autre qui disait sur le champ de bataille de Waterloo : Si on s'était battu ici comme vous voulez me le faire croire, est-ce que cela ne se saurait pas ?

LE PARISIEN

Mon ami, je ne me permettrais pas de rire, quand ces Messieurs, je le crois du moins, parlent sérieusement.

L'AUMONIER

Très sérieusement, et, à dire vrai, si quelque chose ne me paraît pas sérieux ici (nous allons bien le voir), c'est que vous seul, Monsieur, soyez encore à apprendre que M. Huysmans s'est converti.

LE PARISIEN

Ah ! c'est donc cela ? Que ne le disiez-vous tout de suite, Monsieur l'abbé ! C'est sans doute bien naïf de ma part ; mais, c'est bien sincère : je n'y pensais pas. Je vois maintenant ce que vous voulez dire. En effet, il y a une conversion dans son roman, celle de son héros, Durtal. Je pourrais vous dire par quelles vicissitudes il le fait passer pour le conduire au dénouement prévu de tout l'ouvrage, et je comprends fort bien, certes, que ce dénouement vous paraisse à vous, Messieurs, plus moral qu'un duel, un assassinat un divorce, et même que le traditionnel mariage. Mais, je n'ai pas à vous apprendre que le roman est le roman, et que, pour friser la vie de si près qu'il vous plaira de le supposer, il n'est jamais la vie elle-même et l'histoire.

L'AUMONIER

Nous croyions savoir cela. A telles enseignes que nous ne sommes pas de ceux qui ont pris au sérieux M. Drumont, disant qu'il avait été invité à l'Élysée, détaillant le menu et rapportant sa conversation avec M. Félix Faure. Vous voyez donc que nous ne sommes pas tout à fait si ruraux. Mais il n'en est pas moins vrai que M. Huysmans s'est converti, qu'il est revenu à la foi, à la pratique de ses devoirs de chrétien.

LE PARISIEN

J'avoue, Monsieur l'abbé, que vous ne pouviez rien m'annoncer de plus étonnant. Certes, vous le croyez, vous en êtes convaincu, puisque vous le dites ; et cela trahit pour moi un état d'âme que je ne puis analyser. Mais cette conversion, qui vous paraît à vous toute simple, me jette, je l'avoue, dans la stupéfaction : Huysmans converti ! Non, c'est trop fort.

LE MISSIONNAIRE

Cependant, puisque tu as lu ses romans, et que tu connais l'évolution de Durtal, tu n'as qu'à appliquer à l'auteur les faits et gestes du héros du roman. Durtal se confesse et communie. Or, Durtal n'est autre que... M. Huysmans. Donc...

LE PARISIEN

Mon Dieu, Messieurs, je ne voudrais rien dire qui pût, venant de moi, vous paraître impertinent, ni avoir l'air de vous apprendre quelque chose dans une question qui est de votre domaine ; mais si la conversion de Durtal n'est que la conversion de Huysmans, je vous dirai pourtant : « Est-ce donc ainsi que l'on se convertit ?... » Mais je ne m'arrête pas à cette question. Il y en a une autre pour moi, la question préalable ; et je dis : « Non, cet homme-là n'est pas converti, il ne peut pas l'être. »

LE MISSIONNAIRE

Là, mon ami, je t'arrête. Il est évident qu'il y a des lacunes dans tes connaissances religieuses. La conversion est à la portée de tout le monde, et, par la grâce de Dieu, elle peut devenir une réalité même pour les plus grands pécheurs. Ne sais-tu donc pas que la grâce du pardon n'est pas refusée aux criminels ? Il est bien probable que tu as eu toi-même l'occasion de raconter la mort sur l'échafaud de quelqu'un de ces grands coupables que, seule, l'Église assiste au dernier instant.

LE PARISIEN

Je savais cela, et c'est peut-être ce qui me paraît le plus surhumain dans les inspirations du catholicisme. Mais il faudrait connaître comme moi l'homme et le milieu dans lequel il a vécu, évolué. Cela dépasse, vois-tu, tout ce que tu pourrais imaginer. La génération de littérateurs à laquelle j'ai le malheur d'appartenir subit la plus humiliante de toutes les servitudes. C'est le joug de son Zola et de son école qui pèse sur nous. Vous croyez, Messieurs, qu'un auteur est toujours responsable de tout ce qu'il écrit. C'est vrai, mais jusqu'à un certain point ; et il convient aussi de faire la part du feu. Je vous assure que nous n'écrivons pas ce que nous voulons. Oh ! nous ne sommes pas des saints. Mais il en est beaucoup parmi nous qui, volontiers, se regarderaient comme revêtus d'une sorte de sacerdoce et respecteraient leur plume. Ils ne le peuvent pas. Depuis que Zola a répandu le goût de l'ordure, il en faut partout, et comme il faut pourtant bien aussi manger... Ah ! s'il était permis de sourire en disant de si tristes choses, je dirais que nous sommes condamnés au déjeuner d'Ezéchiel.

LE MISSIONNAIRE

Allons, je vois que tu sais ton Voltaire. Tu dois savoir aussi que le rire de Voltaire a jauni au soleil de la critique. Quant à vous, mon cher, je vous plains. Mais je crois comprendre que Dieu fait servir par Zola aux petits-fils de Voltaire le déjeuner que le patriarche de Ferney destinait au prophète.

LE PARISIEN

C'est une interprétation comme une autre de la loi de l'histoire et de la solidarité universelle.

Quoi qu'il en soit, nous subissons cette humiliante nécessité. Il y a pourtant une nuance entre nous, et il est juste de dire que tous n'y vont point du même cœur et du même pas. Les uns le font avec une noble répugnance : d'autres avec un entrain qui les pousse à dépasser le but, à aller plus loin que la consigne. Mon ami Huysmans, plus habile que tous les autres, sait allier l'excès de tous les « stupres » aux accents d'une vertueuse indignation. A ce point de vue, je vous recommanderais, si je ne craignais de vous injurier, la lecture de *Là-bas* ; je ne crois pas qu'il soit possible de descendre plus bas dans la représentation de la luxure. Et vous m'apprenez la conversion de cet écrivain. Eh bien ! quoi que tu en dises, mon ami, je persiste encore à croire que cela n'est pas possible. Je n'ai, certes, pas la prétention de t'apprendre l'Évangile. Qu'il me soit permis seulement de vous montrer que je le connais un peu. Car, voyez-vous, l'Évangile est toujours bon à citer, et les livres sacrés du bouddhisme ne lui font pas encore, en dépit du musée des religions, une sérieuse concurrence. Nous citons donc l'Évangile, nous aussi. Or, vous savez que Jésus-Christ délivre les possédés comme il guérit les malades. Il y a pourtant un exemple qui fait exception et qui veut dire qu'il ne convertit pas tout le monde : c'est l'exemple de ces pourceaux qu'il pousse à la mer. Je crois, Messieurs, qu'il fera de même pour l'école de Zola ; et quand vous venez me dire qu'il y en a un de converti, je dis : un élève de Zola, vous m'étonnez.

L'AUMONIER

On en a bien vu d'autres et l'on en trouve dans l'Évangile même qui prouvent que votre raisonnement pèche par quelque endroit.

LE PARISIEN

Je ne m'obstine pas plus qu'il ne convient, Monsieur l'abbé, à défendre un argument qui ne vous paraît pas absolument impeccable. Cependant le fait que je viens de citer est un fait évangélique, et il me sera permis d'y trouver un symbole, d'y recueillir une leçon. Si Jésus-Christ jette à la mer ces pourceaux plutôt que de les *déposséder* en chassant le démon, n'est-ce pas une preuve qu'il ne veut pas appeler à lui, attirer dans son Église ceux qui sont dans l'ordre humain ce que ces bêtes sont dans l'ordre animal ? L'école de Zola ne sera jamais catholique, parce qu'il n'y aura jamais de place dans l'Église pour ses effroyables ordures.

LE CHANOINE

A moins, toutefois, que la bête ne réussisse à s'introduire par surprise dans le lieu saint, trompant la vigilance de ceux qui en gardent l'entrée.

LE PARISIEN

Je ne suppose pas que ce soit là pour vous ce qu'on appelle une conversion.

LE CHANOINE

Assurément non.

LE MISSIONNAIRE

M. Huysmans lui-même ne l'entend pas ainsi : c'est une justice qu'il faut lui rendre. Il déclare qu'il faut, pour se convertir, « retourner son âme, la vider comme un seau d'ordures et taper sur son fond, pour en faire couler la lie ».

L'AUMONIER

Eh bien! ne vous semble-t-il pas qu'on aurait de la peine à exprimer dans un langage plus pittoresque, avec plus d'énergie à la fois et plus d'humilité la démarche d'un homme qui se convertit ? A ce ton, je reconnais pour ma part l'indéniable sincérité de cet homme, et puisque Durtal, le héros du roman, se convertit dans de tels termes, j'en conclus la conversion de l'auteur qui ne fait qu'un avec lui, comme vous l'avez dit.

LE PARISIEN

C'est là, Monsieur l'abbé, une théorie qui pourrait bien être en contradiction avec celle qui domine l'ouvrage tout entier. Il ne me semble pas du tout nécessaire que l'auteur passe par une évolution parallèle et semblable à celle de son héros, de Durtal. Mais il est naturel qu'il s'attache à son personnage, presque comme un père à son fils, qu'il subisse ses impressions, qu'il commence par verser les larmes qu'il veut lui faire pleurer. Il ira peut-être plus loin : il commencera, s'il se peut, par vivre la vie qu'il veut donner à sa créature de roman, afin de mettre le plus de réalité possible dans sa fiction. Ainsi Zola, voulant introduire dans un roman des personnages vivant dans les chemins de fer, montait sur une locomotive. Supposez maintenant que Huysmans ait voulu, ce qui est la vérité, faire vivre son personnage, Durtal, de la vie chrétienne, pieuse, mystique, il devait, suivant les principes de l'école et du maître, monter sur la machine, je veux dire entrer dans l'Eglise, pénétrer vos mystères, s'abreuver à la source divine, prendre place au rang des disciples et des apôtres et sortir de là avec des impressions inconnues dans notre monde, avec des états d'âme soigneusement notés, avec des ressources infinies, des choses inédites pour produire l'œuvre la mieux documentée, le roman le plus admirablement vécu qu'on puisse rêver. Huysmans a fait cela, Messieurs, et si je lui envie ce trait, je n'en admire pas moins la sublimite ! Cela est d'un homme de génie.

LE MISSIONNAIRE

Génie de reporter doublé de Tartufe. Car, pour réussir l'expédition que tu viens d'imaginer, il me semble qu'il faudrait une assez forte dose d'hypocrisie.

LE PARISIEN

Je te demande pardon, mon ami. La vulgaire hypocrisie est une faiblesse d'imbécile. Le génie est au-dessus de tout cela : il évolue dans les régions supérieures. Vous avez une manière de juger un peu... comment dirai-je ?... non pas simpliste, ce mot, qui est encore jeune pourtant, ne répond ni à ma pensée ni à votre état d'âme. Vous êtes tout d'une pièce, et vous ne vous rendez pas suffisamment compte des complications d'un cerveau contemporain affiné par la critique. Cela n'est pas si simple. Notre moi ne passe pas seulement par des modifications successives : il est partagé, divisé, multiplié, pour ainsi dire, en sorte que ce qui se passe dans une partie n'affecte pas les autres. Nous utilisons ces fameuses cloisons étanches, merveilleuse invention de Renan, qu'on devrait bien appliquer aux paquebots de la Compagnie transatlantique. Avec cela, Huysmans entre dans l'Eglise pour y travailler, s'y exercer, s'y documenter comme écrivain. Que M. Huysmans, homme, particulier, citoyen, soit ou ne soit pas catholique, c'est une autre question. Je ne sais pas, je n'ai pas besoin de savoir ce qu'il en est, puisque tout s'explique, sauf cela.

LE CHANOINE

Ah ! cette explication serait pour nous bien triste et humiliante. Les mystères de la religion profanés comme ils l'ont été par l'auteur de la librairie anticléricale, converti comme vous savez, et les catholiques, une fois de plus dupes d'une supercherie dont toutes vos explications ne laveront jamais le fourbe assez cynique pour s'introduire ainsi dans l'Eglise; car ce serait toujours un mensonge de faire croire aux catholiques ce qui n'est pas. Or, je vous assure qu'il y a beaucoup de catholiques qui croient à la conversion de M. Huysmans presque comme à un article de leur symbole. On le regarde, on le consulte, paraît-il, ainsi qu'un Père de l'Eglise.

LE PARISIEN

Vous me rappelez ce que j'ai lu dans la préface d'une des éditions de *En route*. Car tu sauras, mon ami, que je commence toujours un livre par la préface.

LE MISSIONNAIRE

Je crois que tu fais bien, car, par la préface, on voit tout de suite si l'auteur a une idée, et l'on ne tarde pas à découvrir s'il est un homme d'esprit ou une mazette. La préface est une lettre de l'auteur à ses lecteurs, et vous avez toujours la mesure d'un homme dans une lettre de lui. Mais pourquoi affectes-tu de me dire que tu commences toujours la lecture d'un livre par la préface ?

LE PARISIEN

C'est un souvenir du séminaire. Déjà tu pensais de la préface ce que tu viens de nous en dire : une de ces idées personnelles comme tu en as eu quelques-unes dans ta vie. On en riait un peu, et il arriva qu'un jour, rentrant à l'étude, tu trouvas ton pupitre tout grand ouvert, tes livres aussi, tous à la page de la préface. Le mot sifflait un peu de partout : Préface, Préface ! Tu ne fus pas le dernier à en rire, et je ne l'ai pas oublié. J'ai donc lu la préface dont Huysmans se sert pour « dédicacer » une nouvelle édition de *En route*. Il se plaint d'avoir, par correspondance, l'univers catholique sur les bras. Il y assure que le monastère de son livre est un vrai monastère, le « porcher divin », un vrai porcher, les cochons, de vrais cochons. Car il a peint dans ce livre un vieux religieux qui vit au septième étage du château de l'âme de sainte Thérèse, d'où il descend tous les jours le plus possible pour grogner avec les gorets, les truies et les verrats de sa porcherie.

L'AUMONIER

Il n'est pas inouï, Monsieur, que les saints se soient familiarisés avec les bêtes, et je crois que M. Huysmans a pu présenter ce tableau avec délicatesse.

LE PARISIEN

La délicatesse, Monsieur l'abbé, vous avez dit le mot, et c'est sans doute à ce point de vue qu'il conviendrait d'étudier l'œuvre de Huysmans pour résoudre la question qui paraît vous préoccuper assez vivement, mais j'avoue que, pour moi, je n'oserais m'aventurer sur ce terrain. Du moment que la lecture de *En route* fait, si je m'en rapporte à vous, Messieurs, les délices du genre humain catholique, ce n'est pas un profane comme moi qui pourrait y contredire.

LE CHANOINE

Gardez-vous bien de le croire. Les sentiments sont malheureusement partagés, mais si quelques-uns admirent... de confiance, les autres hésitent et demandent à se renseigner. J'en suis là, pour ma part, et le peu que je sais par ouï-dire m'incline à penser que ce converti n'a pas un langage qui puisse inspirer la confiance.

LE MISSIONNAIRE

Donne donc à ces Messieurs ton appréciation sur ce livre de *En route* que tu connais fort bien et dis-nous si tu penses que Durtal-Huysmans parle décemment pour un homme qui se convertit, se confesse et communie.

LE PARISIEN

Vous m'embarrassez, Messieurs. Je sens bien que je n'ai pas ce qu'il faut pour juger avec compétence de la délicatesse de langage nécessaire à un homme qui narre lui-même sa conversion. Aussi bien, pris à l'improviste, ne pouvant faire appel qu'à une mémoire désintéressée, je ne ferai guère que vous livrer quelques indications dont vous vous servirez pour continuer vos recherches. Somme toute, *En route* est, sous forme de roman, quelque chose comme les confessions de saint Augustin et de Jean-Jacques.

LE MISSIONNAIRE

Songes-tu à ce qu'il y a de choquant dans le rapprochement que tu fais là.

LE PARISIEN

Je n'ai eu aucune intention choquante. Ce n'est pas une comparaison que je fais, c'est un souvenir qui s'impose.

L'AUMONIER

Sans doute pour classer les confessions de M. Huysmans ?

LE PARISIEN

Je ne pensais même pas à le juger, puisque je me suis déclaré incompétent et que, du reste, je n'ai pas les éléments d'une appréciation sérieuse. Ce qui me frappe, c'est que dans ce livre l'auteur fait comme tous ceux qui ont laissé par écrit leur confession, il rappelle ses péchés, ses sensations et ses chutes. Je crois me rappeler que saint Augustin fait cela ; Rousseau de même.

LE MISSIONNAIRE

Et tu ne te souviens pas d'avoir constaté quelque différence entre les deux ?

LE PARISIEN

Si ! Mais, je suis un peu brouillé avec saint Augustin, je connais mieux Rousseau.

LE MISSIONNAIRE

Eh bien ! saint Augustin rappelle ses péchés, la tyrannie de ses passions jusqu'au moment où il va les quitter pour toujours. Il fallait voir, dit-il,

6.

comme elles secouaient ma robe de chair, comme elles aboyaient. comme elles me reprochaient de les abandonner : — Dieu ! ajoute-t-il, ce qu'elles me suggéraient de honteux !

LE PARISIEN

Ce n'est pas précisément le genre de Rousseau, ni, je dois le dire, celui de Huysmans.

LE MISSIONNAIRE

Fais-nous grâce de Rousseau.

LE PARISIEN

Faut-il donc aussi que je vous fasse **grâce** de l'autre ?

LE MISSIONNAIRE

Non, puisque....

LE PARISIEN

Si, puisque....

LE MISSIONNAIRE

Puisque. quoi ?

LE PARISIEN

.... c'est quelquefois la même chose.

LE MISSIONNAIRE

Que veux-tu dire ?

LE PARISIEN

Je veux dire que, dans maint passage, Huysmans ne se contente pas de rappeler ses tentations et ses fautes ; il décrit, il peint, il anime, il fait vivre et grouiller devant vous ses péchés.

Il m'a semblé aussi qu'il introduisait dans l'Eglise le style naturaliste qui veut qu'on donne du corps aux choses les plus éthérées. Il va même très loin dans ce sens. Je vous recommanderais certaines descriptions, telle prière à la Sainte-Vierge qui m'a paru tout à fait topique, ses réflexions sur le chapelet, combien d'autres choses qu'il faudrait avoir le temps de passer, le volume en main, les unes après les autres.

Notre auteur aime surtout les cloaques, les égouts, le purin et le pus, comme il dit, et je crois bien qu'il ne touche pas une chose sainte sans éprouver le besoin de la tremper un peu dans la boue. C'est ce qu'il appelle la méthode naturaliste. Et voilà qu'il va maintenant appliquer cette méthode à la vie des saints. Si j'en crois la couverture de « La Cathédrale », il prépare la vie de sainte Lidwine. Je serais curieux de savoir quelle est cette sainte pour qu'il se rue ainsi sur sa vie.

LE CHANOINE

Sainte Lidwine est une admirable petite sainte du moyen-âge, une âme qui s'est élevée au plus haut degré de la vie mystique.

L'AUMONIER

Evidemment, c'est là ce qui a séduit M. Huysmans et l'a décidé à écrire cette vie.

LE PARISIEN

N'y a-t-il pas quelque autre chose de frappant chez cette sainte ?

LE MISSIONNAIRE

Il y a un fait extraordinaire : Elle fit à quinze ans une chute dont elle ne devait pas se relever et qui la cloua sur son lit pour le reste de ses jours. Pendant près de quarante ans, son pauvre corps ne fut qu'une plaie ou plutôt une série de plaies toutes plus horribles les unes que les autres, qui ne se succédaient que pour varier ses souffrances et déformer son corps. Au milieu de tout cela, une âme, une charité qui la portaient à offrir à Dieu ses peines et réclamer pour soi seule les misères de tous.

LE PARISIEN

Je comprends : C'est l'idéal de Huysmans. Le sujet le plus riche que l'on puisse imaginer en descriptions de plaies purulentes, de tumeurs qui naissent, gonflent, crèvent et jettent le sang pourri, de chairs en lambeaux, de cancers dévorants, de *viandes qui tournent* et qui puent. Ah ! je la plains, la pauvre sainte, Huysmans va lui infliger un supplice posthume auprès duquel le martyre de sa vie paraîtra bénin. Il faudra qu'elle revive sa pauvre

vie sous les yeux d'un homme qui ne lui fera grâce
de rien, qui étalera tout sans pudeur, qui passera
tout son corps au scalpel de sa plume, qui ana-
lysera « les urines de l'âme » et du corps et qui
vous mettra sous les yeux ses...... selles.

L'AUMONIER

C'est épouvantable ce que vous dites là, Monsieur, et, dans tous les cas, ce n'est qu'un jugement téméraire, puisque...

LE PARISIEN

J'appelle cela, moi, une médisance anticipée,
aussi sûre qu'un placement de père de famille à
notre époque.

L'AUMONIER

Sans doute parce qu'il n'y a rien de plus risqué
aujourd'hui qu'un placement de père de famille,
alors que nous allons à la banqueroute universelle.

LE PARISIEN

J'ai pourtant plus de garanties que vous ne
croyez, Monsieur l'abbé, pour cette prophétie de
malheur, et ces garanties je les prends dans le
caractère d'immutabilité qui distingue les écrivains. Comme on a écrit, l'on écrira. Vous entendrez parler de première et seconde manière. Cela
est pour les artistes, pour les peintres. Un écrivain
n'a qu'une manière, et Huysmans décrira les plaies
de sainte Lidwine comme il a décrit les chairs pan-
telantes, « en putréfaction », du Christ de Grune-

wald, où nous le voyons « râler, crever, ainsi qu'un chien, salement, bassement, allant jusqu'à l'ignominie de la pourriture, jusqu'à la dernière avanie du pus ». Saluez, Messieurs, le Christ exécuté par Huysmans sur son « charnier divin ».

LE CHANOINE

Vous êtes bien sûr que M. Huysmans parle dans ce style de Notre-Seigneur?

LE PARISIEN

Parfaitement sûr. Mais il faudrait vous mettre sous les yeux le morceau tout entier et combien d'autres ! Je vous dirais qu'il y a, dans des genres divers, cent passages de *Là-bas* qu'il faudrait citer, et autant, avec quelques différences d'accent, dans *En route* ; lisez le scrupule du chapelet, la scène de catalepsie des moines extasiés, les conversations bizarres qu'on rencontre à tout bout de chemin, les mots révoltants, que sais-je encore ?

LE MISSIONNAIRE

Il faut avouer toutefois que l'auteur a fait des efforts et des progrès dans *La Cathédrale*. Son style s'est purifié au point de vue des convenances au moins ; si l'écrivain n'est pas meilleur, s'il n'est pas moins rocailleux, pénible, surchargé, prétentieux, il est plus décent.

LE PARISIEN

C'est vrai ; mais croyez bien que c'est un supplice

pour un auteur qui ne se plaît qu'aux ordures. Qui a bu boira, voyez-vous ; et je ne serais pas étonné qu'après avoir achevé le cours de ses expériences, — car, pour moi, ce n'est que cela — l'auteur jette le masque, ou, si vous aimez mieux, dépose ce joug qu'il n'a accepté que pour conduire Durtal jusqu'au bout de ses évolutions, et retourner à son *vomi* qu'il « *reboira* à pleine bouche » comme il dit : Laissez-moi, laissez-moi, criera-t-il ; je veux me ressaisir, sortir de l'*épreinte* de cette Eglise. J'ai toujours pensé qu'on ne peut être que *saint* ou *sataniste* ; mon choix est fait. Je n'ai pas trouvé dans l'Eglise ce que j'y cherchais ; la *bedeaudaille* ne me comprend pas ; leur Christ *grimace* sur sa croix ; la Vierge n'est que la « moricaude » émaciée, transparente des vitraux de la cathédrale ; j'aime mieux Florence. Décidément, je retroque Jésus-Christ pour Zola, et je retourne à la « porcherie de mes sens ».

C'est affreux, n'est-ce pas, Messieurs. Mettez donc que c'est un jeu de ma part. Mais ce langage qui vous a fait venir la chair de poule, vous êtes condamnés à l'entendre soit que Huysmans reste dans l'Eglise, soit qu'il en sorte.

LE CHANOINE

Il en est parmi nous qui disent déjà que ce converti pourrait bien opérer la sortie que vous venez de lui faire exprimer avec une terrible et satanique éloquence.

LE PARISIEN

Mais, mon cher maître, que le temps passe vite

avec vous ! Voici l'heure du dernier train, permettez-moi donc de prendre congé de vous.

LE CHANOINE

Oui. Mais promettez-nous de revenir. Si vous étiez libre jeudi prochain à la même heure ? Vous retrouverez ces Messieurs.

LE PARISIEN

Parfaitement, et très heureux de répondre à votre bonne invitation. Messieurs, à jeudi. Nous causerons comme aujourd'hui ; cela me changera un peu ma vie ordinaire...

LE CHANOINE

Eh bien ! mon cher Aumônier, que pensez-vous de mon élève ?

L'AUMONIER

Je pense que si vous en avez semé plusieurs comme celui-là dans le monde...

LE CHANOINE

Vous n'achevez pas votre « je pense ».

LE MISSIONNAIRE

Il veut peut-être que je l'achève pour lui.

L'AUMONIER

Parlez pour vous, Monsieur le Missionnaire.

LE MISSIONNAIRE

Alors je pense que, s'il y en avait comme cela un certain nombre, votre M. Huysmans ne serait pas à la noce, et que, décidément, il n'irait pas loin dans l'Eglise.

L'AUMONIER

Ah ! ça, est-ce que vous prenez au sérieux tout ce qu'il vous a décrit ? Il n'est pourtant pas nécessaire d'être bien perspicace pour voir que votre ami, le Parisien, est animé envers M. Huysmans de sentiments qui ne sont pas très nobles. Ne sentait-on pas percer sous chaque phrase la plus basse jalousie. Il me paraît évident que ces deux hommes sont des rivaux. M. Husymans a mieux réussi que son concurrent, et voilà tout.

LE MISSIONNAIRE

Voilà tout : C'est beaucoup dire. Car il n'a pas parlé en l'air, pour le seul plaisir de contenter son envie. Pour moi, j'ai retrouvé dans tout ce qu'il a dit la fidèle expression de beaucoup de choses que je savais déjà, quoi qu'il m'eût été difficile, je l'avoue, d'en parler avec cette assurance.

LE CHANOINE

Pour de l'assurance, il en a, et j'en ai été étonné.

LE MISSIONNAIRE

Supposez que l'un de nous soit tombé dans une

réunion de laïques, comme il est tombé au milieu de nous.

L'AUMONIER

J'avoue que, si c'eût été moi, je me serais tenu sur la réserve ; j'aurais pris part à la conversation, mais en suivant ; je serais resté presque silencieux et, pour tout dire, un peu gauche. Montesquieu disait que celui qui parle se découvre et celui qui se tait reste sous le bouclier, à l'abri des traits de tout genre qui vous criblent dans toute réunion d'hommes, surtout s'il y a des femmes.

LE MISSIONNAIRE

Pour lui, il n'avait pas de ces préoccupations. Il tenait le carquois (on dirait aujourd'hui le crachoir), et vous lui avez offert une cible, alors il ne s'est pas gêné.

L'AUMONIER

Il en a profité pour être verbeux, violent, grossier, à tel point qu'il a dû s'en excuser, en prêtant à son trop heureux rival un langage dont il ne pouvait être que honteux et confus.

LE CHANOINE

Mais si ce langage était vraiment celui de M. Huysmans? Si l'attitude qu'il lui prête était conforme à la réalité ?

LE MISSIONNAIRE

Ce serait déplorable ; et voilà pourquoi j'estime

qu'il faut en avoir le cœur net. Après tout, ce n'est pas chose si difficile.

LE CHANOINE

C'est cela. Vous allez vous charger de ce travail. Vous avez, je crois, des loisirs. Pourquoi ne pas les utiliser pour nous rendre à tous un véritable service. Vous prendrez des notes, vous les tirerez au clair, vous les passerez au crible de votre style et il en sortira une brochure que tout le clergé voudra lire.

LE MISSIONNAIRE

Vous en parlez à votre aise, Monsieur le Chanoine, et un peu sans pitié. Parce que j'ai un peu de vacances, après une campagne des plus laborieuses, vous voulez que je m'attèle tout de suite à la charrue de l'écrivain. Vous qui avez toujours écrit comme en vous jouant, vous n'avez pas pitié d'un pauvre homme qui hésite et tremble toutes les fois qu'il lui faut prendre la plume. C'est vraiment un supplice pour moi.

LE CHANOINE

J'en sais plus d'un qui ne vous croira pas ; et, de fait, entre nous, quand vous écrivez, ce n'est pas vous qui en souffrez le plus. C'est, du moins, ce qu'on dit.

LE MISSIONNAIRE

On dit tant de choses.

L'AUMONIER

C'est ainsi que les gens qui causent se rattrapent contre ceux qui écrivent.

LE CHANOINE

Tout cela n'entre pas en ligne de compte. Croyez-vous donc que l'on puisse éviter la critique ? Il faudrait se condamner à rien faire. Et encore. C'est une bonne. brochure qu'il nous faut pour édifier les catholiques, puisque nos journaux, nos revues n'ont pas su remplir leur devoir qui était de nous éclairer.

LE MISSIONNAIRE

Vous ne savez donc pas que la brochure n'est pas en faveur auprès du public ; un écrivain qui s'en tient à ce genre de publication ne jouit que d'une considération très relative. Les lecteurs mêmes qui n'ont pas assez d'estomac pour aborder la lecture du volume le dédaignent et ceux qui se contentent du journal se gardent d'acheter une brochure. Et puis, c'est de la polémique que vous me demandez de faire. Alors, il faut lutter, attaquer, contredire vivement des hommes qui ont l'oreille du grand public.

LE CHANOINE

Quand on a la vérité pour soi, l'on est bi en fort.

LE MISSIONNAIRE

Et quand on n'a pas l'opinion, avouez qu'on risque d'être faible. Or, cette opinion est faite, et je pourrais vous citer tel écrivain dont j'ai déjà prononcé le nom, c'est M. François Coppée, écrivain célèbre, journaliste très lu, académicien et converti. Or, M. François Coppée a fait de M. Huysmans et de ses livres un éloge complet, d'abord dans le *Journal,* puis dans son livre la *Bonne Souffrance,* un livre charmant sans autre défaut que la fausse note contre laquelle il faudrait que je proteste. Or, M. Coppée est un homme de très grand talent, un écrivain de premier ordre dans son genre.

L'AUMONIER

Je le crois bien, il est de l'Académie.

LE MISSIONNAIRE

Sans doute, mais ce n'est pas ce qui fait qu'il écrit bien ; car il écrivait bien avant d'être de l'Académie. Pourtant, vous pourriez avoir raison; si le titre d'académicien ne prouve pas le talent, il affirme le succès, et, comme dit l'autre, il n'y a encore que le succès qui réussisse. Celui de M. Coppée est énorme et mérité. La *Bonne Souffrance,* qui est un beau, un bon, un saint livre, a eu un succès dont je suis le premier à remercier Dieu. En sortant des presses, elle criait sa vingtième édition, comme Gargantua dès sa naissance criait : à boire, à boire. Elle naissait toute grande. Encore une fois, j'en adresserais mes humbles félicitations à M. Coppée. Et vous voulez que je m'élève contre lui, que je le contredise, que j'engage une polémique contre un homme qui ne daignera même pas m'entendre

7.

et qui sera vengé à l'avance de mes attaques par l'indifférence absolue de l'opinion envers moi. Allez, quoi que je dise, M. Huysmans restera pour la multitude des lecteurs français l'admirable converti qui leur a été présenté par l'auteur de la *Bonne Souffrance* ; je resterai pour les autres un obscur brochurier de province.

LE CHANOINE

Quand il en devrait être ainsi, vous n'en auriez pas moins fait une bonne action.

LE MISSIONNAIRE

Quoi qu'il en soit, il me semble qu'il y a quelque chose de plus immédiatement utile pour nous. Avant d'instruire les autres, si nous cherchions à nous éclairer nous-mêmes... Vous convenez que nous en avons besoin ; mettons-nous donc à l'œuvre. La plume et l'écriture sont d'inventions humaines et singulièrement prétentieuses. Nous avons la parole qui est naturelle et divine. Pourquoi ne pas nous en servir dans des conversations comme celle-ci, où chacun dira son mot, fournira son idée et son document, sa pierre, si vous voulez, pour achever notre édifice.

L'AUMONIER

C'est cela. Aussi bien nous sommes trop engagés pour ne pas aller jusqu'au bout. La charité vous fait encore un devoir d'étudier de près cette question et de ne pas laisser M. Huysmans sous le poids des graves accusations dont il a été chargé.

LE CHANOINE

Soyez tranquille : nous lui ferons la charité et nous lui rendrons même, par surcroît, la justice. Vous verrez alors s'il y a lieu de conseiller à vos religieuses du Carmel la lecture de ses livres.

L'AUMONIER

En attendant, je vais vous donner une preuve de haute impartialité et de condescendance, Messieurs, en priant la supérieure de retarder l'achat de *En route,* qu'elle voulait faire venir tout d'abord.

LE MISSIONNAIRE

Je voudrais pouvoir donner le même avis à toutes les communautés de France.

LA CONVERSION DE M. HUYSMANS

DEUXIÈME ENTRETIEN

DEUXIÈME ENTRETIEN

EXAMEN CRITIQUE

Surprise. — A quatre. — Doux Sicambre. — Livres à brûler. — Conversion de Voltaire. — L'odeur des mots. — Pensionnaires de l'enfant prodigue. — La vie privée. — La vertu et la peste. — A huis-clos. — Trois foyers. — Gilles de Rais. — Episode de Velléda. — Deux écoles. — Satan de Milton. — Chanoine Docre. — Paul Féval. — Confession d'écrivain. — Ce pauvre Holopherne. — Création de génie. — Chien mouillé. — Indulgence et principes. — La traite des écrivains. — Procès à faire. — Sous le bras de Notre-Dame de Chartres. — Prière. — Inconscient. — Les jeunes. — « Le Disciple ». — Chimie d'âme. — Confession. — Le chapelet. — Grâce pour les religieuses.

LE MISSIONNAIRE

... Mais enfin, Monsieur le Chanoine, où nous conduisez-vous ?

LE CHANOINE .

Fiez-vous à moi. Il m'a semblé que nous étions à l'étroit dans ma petite maison. Nous allons trouver ici une salle digne de nos graves entretiens. Entrez, chers Messieurs.

LE MISSIONNAIRE

Nous sommes trahis !

LE VICAIRE GÉNÉRAL

Messieurs, nous avons appris, car les murs ont des oreilles, que vous deviez, ce soir, continuer, chez M. le Chanoine, la très intéressante conversation commencée l'autre jour sur un sujet qui excite aujourd'hui la curiosité de tout le monde ; et tout le clergé de la ville a voulu assister....

LE MISSIONNAIRE

A une représentation ?

LE VICAIRE GÉNÉRAL

Ce n'est pas ce que je veux dire, mais puisque nous avons l'avantage de vous posséder...

LE MISSIONNAIRE

Grâce à la complicité de M. le Chanoine.

LE VICAIRE GÉNÉRAL

Nous serions heureux si vous vouliez bien donner à tous nos confrères la conférence que vous deviez faire, sous le manteau de la cheminée de M. le Chanoine, sur la conversion de M. Huysmans.

LE MISSIONNAIRE

Si M. l'Aumônier du Carmel a une conférence à vous faire pour vous présenter son auteur favori, l'auteur de *Là-bas* et de *En route*, je ne demande pas mieux que de l'entendre, pourvu qu'il me soit permis de l'interrompre quelquefois.

L'AUMÔNIER

Je me contenterais bien moi-même de ce dernier rôle, si vous parliez.

LE CHANOINE

Je dois dire que nous avions l'intention de reprendre chez moi la conversation de la semaine dernière.

LE VICAIRE GÉNÉRAL

Nous ne demandons pas autre chose. Vous allez vous mettre ici comme chez vous et causer entre vous. Pour nous, Messieurs, nous écouterons sans même demander la permission de vous interrompre. Aussi bien la vraie conférence ne doit pas être faite par un seul ; c'est une sorte de discours collectif.

LE MISSIONNAIRE

Alors, c'est un entretien et un entretien familier.

LE CHANOINE

Une causerie, si vous voulez, que nous allons commencer sans autre préambule. Veuillez donc prier notre aimable Parisien de venir prendre ici sa place.

LE PARISIEN

Excusez-moi, Monsieur le Chanoine, je viens de renouveler connaissance avec des amis du séminaire qui ne m'ont pas oublié... Mais, que voulez-vous faire de moi? C'est un Concile pour le moins, cela, et je n'ai plus qu'à me retirer.

LE CHANOINE

Ce n'est pas même un Synode. Nous allons tout simplement reprendre notre conversation de l'autre jour. Vous nous avez dit des choses si suggestives sur votre collègue Huysmans que nous avons voulu aller plus loin et voir ce qu'il y a de vrai dans la conversion de cet écrivain naturaliste. Il est entendu que nous causons à quatre de cette question et que ces Messieurs nous écouteront.

LE PARISIEN

Ce sera comme à Monaco. Il y a les joueurs assis à la table, et, derrière eux, les spectateurs, ceux qui suivent le jeu, qui parient et qui ne perdent pas moins. J'en sais quelque chose.

LE CHANOINE

Ici, mon cher ami, vous ne perdrez rien, je pense, si vous voulez bien écouter, et nous gagnerons sûrement à vous entendre, si vous nous aidez de vos lumières, car nous allons reprendre notre entretien sur votre ami, M. Huysmans. Nous avons résolu, après votre départ, de traiter cette question qui nous intéresse à bon droit.

LE PARISIEN

. La conversion de Huysmans?

LE CHANOINE

Oui. Nous vous avons dit que c'est pour nous une

question sur laquelle les avis sont partagés et, sans aller plus loin, vous avez pu constater vous-même que M. l'Aumônier du Carmel ne partage pas la manière de voir de votre ami le Missionnaire.

L'AUMONIER

Dieu merci ! Et je ne serais pas fâché de savoir qui de nous deux a tort ou raison. Je demande donc que nous commencions tout de suite et que nous procédions correctement, au lieu de faire comme vous avez fait l'autre jour.

LE MISSIONNAIRE

Que voulez-vous dire par là, Monsieur l'abbé ?

L'AUMONIER

Je veux dire que vous avez chargé cet écrivain, cet homme, ce converti qui devrait vous être trois fois respectable, d'accusations très graves qui ne m'ont pas paru sérieuses, pour dire toute ma pensée.

LE MISSIONNAIRE

Nous allons donc procéder d'après les règles et, puisqu'il s'agit de conversion, il me semble qu'il importe tout d'abord de dégager l'idée simple que l'on a mise dans ce mot. Or, appliqué aux choses de la religion, ce mot veut dire changement, retour à Dieu, détachement de tout ce qui nous tenait éloigné de Dieu, renoncement au péché. Ne pouvons-nous pas nous contenter de cette définition ?

LE CHANOINE

Oui, et je crois que le mot de saint Remi à Clovis rend bien cette idée d'une manière concrète et sensible : « Doux Sicambre, brûle ce que tu as adoré... » Ainsi un idolâtre brûle ses idoles ; un pécheur ses péchés...

LE MISSIONNAIRE

Et un écrivain ses livres.

LE PARISIEN

Que dites-vous là ! Je croyais que c'était une de ces institutions de l'ancien régime que la Révolution avait arrêtées au seuil du XIX siècle et qu'il n'y avait plus d'*auto-da-fé* d'aucune sorte.

LE MISSIONNAIRE

Mon ami, sache bien qu'il y en a encore et qu'il y en aura toujours. Et toi-même, si, comme je l'espère, tu te convertis un jour, tu seras le premier à demander qu'on retire de la circulation ceux de tes écrits qui te paraîtront alors et qui peut-être déjà sont à tes yeux indignes d'un bon chrétien.

LE PARISIEN

Et il y a des hommes qui ont donné cet exemple de renoncement à l'époque de leur conversion ?

LE MISSIONNAIRE

Sans doute. C'est du reste une condition absolue pour rentrer dans l'Eglise. Aussi l'histoire en fournit-elle de nombreux exemples qu'il serait inutile de rappeler ici. Je n'apporterai que l'exemple de Voltaire.

LE PARISIEN

Mais je ne sache pas que Voltaire se soit jamais converti, si ce n'est à l'article de la mort où l'on prétend qu'il a demandé, vainement du reste, un prêtre.

LE MISSIONNAIRE

C'est ce qui prouve que tu n'as pas bien lu, sinon ses livres, du moins sa vie, car je prétends au contraire que personne ne s'est converti aussi souvent que Voltaire. Chaque fois que cet homme, si profondément méprisable, avait un intérêt à ménager, une faveur à obtenir, il protestait très haut de la pureté de sa vie, de l'orthodoxie de sa foi ; et il ne manquait pas de brûler les mauvais livres que l'opinion publique l'accusait d'avoir écrits. Il adressait ses protestations au roi et aux ministres, à son curé et au pape lui-même. Quand il écrivit à Benoît XIV pour lui dédier, je crois, son *Mahomet,* il revint encore à ses bâtards, à ses livres qu'il n'avait pas signés, et il se plaignit amèrement de ce que des ennemis implacables lui en attribuaient la paternité. N'était-ce pas reconnaître qu'un écrivain qui veut faire sa paix avec l'Eglise ne le peut qu'à condition de renier et de détruire ces sortes d'ouvrages ? Et, de reste, comment se représenter Voltaire assistant à la messe avec la *Pucelle* en guise de paroissien ?

8.

LE CHANOINE

Il comprenait bien cela ; mais aujourd'hui il s'est répandu parmi nous cet étrange préjugé qu'un homme peut écrire et de même lire tout ce qu'il veut. Comme si la parole parlée ou écrite était par elle-même indifférente pour le bien et pour le mal.

LE MISSIONNAIRE

Oui, et c'est ce qui autorise les pornographes si nombreux de nos jours à écrire tant de choses répugnantes. Ils disent que les mots, comme l'argent, n'ont pas d'odeur ; et ce doit être un des axiomes de M. Huysmans.

L'AUMONIER

Vous nous montrerez cela. Pour l'instant, nous en sommes à ce principe que, qui se convertit doit renier et détruire ceux de ses écrits qui portent atteinte à la foi ou aux mœurs. Ce sont des ordures qu'il ne doit pas traîner avec soi dans l'Eglise.

LE PARISIEN

Comme l'enfant prodigue, alors ?

L'AUMONIER

Mais, Monsieur, l'enfant prodigue n'était pas écrivain.

LE PARISIEN

Je ne dis pas qu'il fût écrivain. Mais il est bien, sauf erreur, le type du converti. Car, pardonnez, Messieurs, si je parle ainsi de ces choses que vous connaissez sans aucun doute mieux que moi : cette parabole m'a toujours paru la plus divine et la plus humaine des paraboles de l'Evangile et je ne l'ai jamais oubliée, quoique je ne sois encore qu'un prodigue parti. Donc, je voulais dire, et vous m'avez suggéré cette idée, Monsieur l'Aumônier, je voulais dire que, le jour où l'enfant prodigue revint à son père, on lui fit fête, et il s'assit à la table du joyeux banquet. L'Evangile ne dit pas qu'il y ait fait asseoir avec lui aucun des pensionnaires dont il avait la garde...

LE CHANOINE

... in regione longinquâ...

UNE VOIX

Là-bas.

LE MISSIONNAIRE

Très bien !

Avec M. Huysmans, au contraire, *Là-bas* tout entier s'est rué dans l'Eglise, et vous verrez tout à l'heure quel troupeau gardait le nouveau prodigue.

LE CHANOINE

Mais avant d'en faire l'inspection, ne convient-il pas que nous nous arrêtions pour savoir exactement quelle attitude nous entendrons prendre en face de M. Huysmans lui-même. Car il y a en lui pour le moins deux personnages.

LE MISSIONNAIRE

Il y en a trois.

LE CHANOINE

Vous nous nommerez tout à l'heure le troisième. Pour moi, je dis qu'il y a l'homme privé et l'écrivain.

LE MISSIONNAIRE

Il y a encore le héros de roman, qui, dit-on, n'est autre que M. Huysmans.

LE CHANOINE

Nous verrons bien. Quoi qu'il en soit, il est bien entendu que nous n'attaquons pas l'homme dans sa vie privée.

L'AUMONIER

Nous aurions le plus grand tort, parce que la vie privée de cet homme nous est absolument cachée, qu'elle doit l'être, protégée qu'elle est par ce fameux mur que vous savez. J'ajoute que ceux qui la connaissent n'en parlent qu'avec une respectueuse admiration.

LE MISSIONNAIRE

Allons, mes chers amis, vous êtes nés respectueux. Pour moi, sans chercher à savoir quelle est cette vie, je n'oublie pas quelles sont les œuvres de cet homme. Que voulez-vous que je distingue l'homme privé de l'écrivain, M. Huysmans de Durtal? Aussi bien c'est M. Huysmans qui nous fait dire que ses livres sont une autobiographie, Durtal son sosie, *En route* son Hégire et *Là-bas* son tect. Que sa vie privée fasse l'objet de l'admiration de ceux qui en sont les témoins, que sa piété édifie même les dévotes du quartier, je n'ai rien à y voir, ou plutôt je ne me demande pas comment le même homme peut embaumer le sanctuaire du parfum de ses vertus et corrompre l'atmosphère extérieure des miasmes de ses écrits. C'est le cas de redire ce qu'on a crié contre d'autres. Rappelle-moi ce mot, je te prie.

LE PARISIEN

« Que m'importent vos vertus, si vous m'apportez la peste ? »

L'AUMONIER

Voilà bien, mon cher Missionnaire, la modération de langage dont vous avez fait preuve dès le commencement de nos entretiens et que je tiens à constater une fois de plus. Je finirai par croire que cela vous dispense des bonnes raisons qui, je le vois bien maintenant, vous font absolument défaut.

LE MISSIONNAIRE

Jouissez de votre triomphe, il ne sera pas de longue durée. Tout à l'heure, vous m'avez arrêté pour me demander quel genre de considération j'aurais pour la personne de M. Huysmans. Vous m'avez demandé cela au nom du respect de la vie privée. J'ai dû vous suivre sur ce terrain, et voilà que vous vous scandalisez de ma franchise. Il est vrai que je vous ai donné mon sentiment avec une singulière.... verdeur de langage. Cela tient à deux causes : à ce que je viens de fréquenter les œuvres de M. Huysmans et au jugement que je me suis fait de sa valeur morale comme écrivain. Car je suis revenu de cette excursion avec d'ineffaçables impressions. Vous m'avez condamné là à une besogne que je n'aurais pas acceptée en connaissance de cause. Vous avez voulu que j'explore les écrits de cet édifiant converti. J'y suis allé de toute ma meilleure volonté et je suis entré tout de suite « *in medias res* », comme dit le vieil Horace. Ce ne fut plus dès lors que « excrément, pus, purin, ordure, porcherie, urine d'âme, satanisme, salacité, porcherie des sens...... crimes de l'Eglise, misérables soutaniers, lavasse de séminaires, dévots hébétés, stupidités des gens d'Eglise. — Eglise cupide, haras divin, dispensaire des âmes, siècle regorgeant d'abbés satanistes, catholiques bégueules, la bedeaudaille........................ un pape peureux et sceptique, plat et retors, un épiscopat de simoniaques et de lâches, un clergé jovial et mou, — un vieux ciel qui divague sur une terre épuisée et qui radote ; — des soutaniers au cœur lézardé, à l'âme dysentérique, qui phosphorent comme des pourritures ». — Je sors de là, Messieurs, et vous ne pouvez pas oublier que c'est pour vous obéir que j'ai entrepris cette excursion, cette descente à l'égout : en vérité, vous avez fait de moi un puisatier, un égoutier ; oui, pour tout dire, l'égoutier des œuvres de M. Huysmans ; et vous vous étonnez que, cherchant à vous donner une idée approximative des atrocités que j'ai vues de mes yeux et presque touchées de mes mains, je n'emploie pas un langage plus modéré, un langage de toute bonne compagnie ! Pourtant, ce que je viens de vous citer tout à l'heure, au hasard de la

mémoire, n'est qu'un faible échantillon du savoir-
dire de notre auteur. Pour faire ma preuve, j'aurais
besoin de vous apporter ici et de vous lire cinquante
passages de *Là-bas* et quinze ou vingt de *En route,*
où s'étale effrontément la luxure de M. Huysmans,
je veux dire la salacité de Durtal, renforcée de
toutes les abominations de Gilles de Rais et du
satanisme contemporain.

LE CHANOINE

Et vous ne croyez pas que cela puisse être lu en
présence de cette assemblée ?

LE MISSIONNAIRE

Je crois que, même en présence de cette assemblée, il est impossible d'exhiber de tels tableaux,
de telles descriptions, de tels récits. Il faudrait
demander le huis-clos.

UNE VOIX

Huis-clos sur Huys-mans.

LE MISSIONNAIRE

Je ne signerais pas ce jeu de mots, mais qu'il
reste à l'actif de notre auteur. Non, nous ne pouvons d'aucune manière produire ici les nombreux
passages que j'ai en vue sans nous exposer aux
plus justes critiques.

LE CHANOINE

Vous avez raison. Ne vous souvient-il pas de ce
qui est arrivé à M. Drumont, qui avait voulu don-

ner à ses lecteurs la preuve qu'il avait trouvé des immondices sans nom dans Taxil et dans Zola? Il inséra dans la *France Juive,* je crois, plusieurs passages de ces deux écrivains. Il n'y eut qu'un cri pour reprocher à Drumont son imprudence, et je crois qu'on avait raison.

L'AUMÔNIER

Il est bien regrettable que nous ne puissions juger par nous-mêmes du degré d'inconvenance des passages que vous incriminez avec quelque passion.

LE MISSIONNAIRE

Hé! qui vous en empêche? Je vous donnerai volontiers toutes les indications nécessaires et je vous tendrai les volumes avec des pincettes, mon cher Aumônier. En attendant, nous pourrions sans doute faire une sorte d'analyse qui vous permettrait d'asseoir votre jugement. Car il suffit de savoir, d'une part, de quoi M. Huysmans a rempli le volume de *Là-bas* et de quoi il a semé le récit de sa conversion qui se trouve dans *En route.*

LE CHANOINE

Je crois que vous avez raison.

LE MISSIONNAIRE

Et je fais preuve tout à la fois de cette modération que M. l'aumônier me réclamait il n'y a qu'un moment, puisque je ménage la pudeur de M. Huysmans qui ne la ménage guère. — Je

reviens de *Là-bas* et je crois savoir ce qu'il y a
dans ce volume que son auteur ne paraît vouloir ni
renier, ni brûler comme il conviendrait pourtant
qu'il le fît. J'y trouve comme trois foyers de luxure.
Pour l'ordinaire, les romanciers qui cultivent la
gravelure se contentent de leurs personnages.
M. Huysmans a jugé que le sien ne suffisait pas et
quoique son Durtal soit aussi plantureux qu'un
autre en fait d'immoralité, il a éprouvé le besoin
d'accumuler ce qu'il a pu trouver et imaginer dans
l'histoire de Gilles de Rais et du satanisme contemporain.

L'AUMONIER

Avant d'aller plus loin, il serait peut-être tout simplement honnête de nous demander si M. Huysmans
n'a pas voulu écrire l'histoire non moins instructive
que révoltante de ces abominations. Il est peut-
être bon que le souvenir de ces choses ne se perde
pas absolument.

LE MISSIONNAIRE

Quand je croirais, comme vous paraissez croire,
Monsieur l'Aumônier, qu'il est bon de conserver de
pareils récits pour que quelques hommes en tirent
des leçons qui peuvent servir à tous, je ne com-
prendrais pas qu'il pût y avoir quelque avantage à
jeter cela en pâture à ceux, à celles qui lisent les
romans. Car il y a loin de cette forme de littérature
aux procès-verbaux de la justice qui restent dans
les greffes des tribunaux. Au surplus, l'auteur ne
s'est pas contenté de rapporter ce que l'on savait
déjà de la vie de Gilles de Rais. Il nous le repré-

sente, quand il a épuisé tous les genres de luxure connus et même inconnus avant lui, préoccupé d'y ajouter encore par imagination, et cette imagination aidée, alimentée par celle de l'écrivain, évoque de partout la luxure : c'est une priapée universelle de la nature même morte.

LE CHANOINE

Je comprends que vous ne consentiez pas à nous faire la lecture de ces histoires.

LE MISSIONNAIRE

Huysmans n'a pas de telles préoccupations, et je ne parle en ce moment que du respect des convenances artistiques, de cette morale littéraire que les bons écrivains ont toujours respectée. Vous n'avez pas oublié la précaution que Châteaubriand a prise dans les *Martyrs* : Cymodocée et les femmes sortent au moment où Eudore va raconter l'épisode de Velléda. Huysmans fait tenir par trois hommes devant une femme la conversation la plus brutale qu'on puisse imaginer, et cette femme, qui est catholique, se contente de dire que cela ne l'empêchera pas de faire sa prière. Plus tard, dans *La Cathédrale* même, pourtant si pétrifiée, il fera tenir à Durtal des propos d'un goût douteux en présence de Mme Savoil, qui est une mystique de haut vol.

L'AUMONIER

Voudriez-vous nous dire sur quel ton l'auteur raconte les inqualifiables débordements de Gilles de Rais ? Car, enfin, il faut pourtant établir une différence des écrivains qui ne craignent pas de faire l'apologie du vice et de le peindre sous les couleurs les plus attrayantes, et de ceux qui le montrent tel qu'il est, répugnant, pour en inspirer le dégoût. Ces deux genres peuvent être si tranchés que l'un nous apparaisse comme l'école du vice et l'autre comme l'école de la vertu. D'un côté, Vénus avec ses charmes séducteurs, de l'autre l'ilote ivre qui roule dans la boue ; Suétone, qui rappelle en historien les débauches de ses clients couronnés, et Rabelais qui dit, en style de cabaret introuvable, des polissonneries inédites.

LE PARISIEN

Je crois que Huysmans serait plutôt du côté de Rabelais, non pas qu'il éclate de rire comme lui, mais parce qu'il stigmatise au contraire le vice qu'on ne lui demandait pas de peindre, comme l'autre qui faisait intervenir Dieu et le pape dans ses grivoiseries.

LE CHANOINE

Au surplus, il convient de noter qu'il y a place entre les deux écoles du vice et de la vertu, entre l'ilote ivre et Vénus pour un troisième personnage qui, sous couleur de vertu, n'enseigne au fond que le vice. Il dit : c'est une horreur, mais il a dit : voyez donc, sachant bien qu'il n'a guère à redouter les indignations de l'esprit, s'il peut compter sur les complicités de la chair.

LE MISSIONNAIRE

Je ne saurais dire si M. Huysmans fait ce calcul

machiavélique. Toujours est-il qu'il montre tout, et, pour lui, c'est un principe qu'il faut tout voir. Il a une théorie qui veut qu'il n'y ait rien de sale dans la nature, et, ceux qui ne l'admettent pas comme il l'entend, ne peuvent être que des crétins de la pruderie. Aussi faut-il voir comme il traite ces pauvres saints qui poussaient un peu loin, il est vrai, le respect de la modestie et de la pudeur. Saint Louis de Gonzague n'est pas le saint de M. Huysmans ; les catholiques du xixe siècle, non plus. Mais nous trouverons plus tard l'occasion de nous arrêter aux reproches qu'il leur fait en termes fort peu galants.

LE CHANOINE

Vous nous avez dit, je crois, que Gilles de Rais n'est pas seul à verser ses ordures dans *Là-bas ;* c'était pourtant plus que suffisant.

LE MISSIONNAIRE

Il faut bien croire que non ; car l'auteur a jugé à propos d'y détailler le satanisme au xixe siècle, après l'avoir rattaché à celui du xive par un résumé de ce qu'il a pu trouver, en cherchant bien, dans l'histoire secrète des siècles intermédiaires. Quand il en vient à notre époque, il entre dans le détail de l'organisation du satanisme, dans la description la plus minutieuse de ses mystères ; il nous fait assister à la messe noire, il nous débite les prières de leur rituel, qu'il invente.

L'AUMONIER

Mais ce que vous attribuez à M. Huysmans n'est

pas nouveau, et je crois bien, pour ma part, avoir lu déjà quelque chose de semblable.

LE CHANOINE

Sans doute, si vous avez lu les élucubrations bizarres de Taxil et du docteur Bataille. Rappelez-vous quelles descriptions ce dernier vous a faites des antres de la maçonnerie, des souterrains de Gibraltar, que sais-je encore ! N'avez-vous pas appris dans ces ouvrages, où l'imagination ne cesse de truquer le document, qu'elle traîne après elle l'histoire des satanistes et des luciferiens. C'est en grande partie ce que l'on retrouve dans les livres de M. Huysmans.

L'AUMONIER

Avec cette différence que M. Huysmans aurait été témoin oculaire de ces sacrilèges et mystérieuses abominations, puisque Durtal n'est autre que M. Huysmans et que Durtal a assisté, dites-vous, à la messe noire.

LE MISSIONNAIRE

Je dis seulement qu'il nous y fait assister, ce qui n'est pas la même chose.

L'AUMONIER

Vous ne croyez donc pas qu'il soit homme à se documenter, et à risquer, sans aucune garantie, des récits si absolument étranges. Pour moi, je dirais volontiers que cela ne s'invente pas.

LE MISSIONNAIRE

Autant dire que les romanciers n'ont pas l'esprit d'invention Quoi qu'il en soit, je crois que M. Huysmans se documente autant qu'il peut. Il est chercheur, capable de consulter une foule d'ouvrages rares, d'épuiser les bibliothèques les plus riches ; il prend des notes, il les accumule, il les entasse, et il sait vider son sac aux bons endroits de son livre. Le lecteur, qui ne s'y attendait pas, en demeure stupéfié. Mais n'avez-vous pas été frappés vous-mêmes de tout ce qu'on nous raconte de ce satanisme à notre époque. Tout cela est si étrange qu'on voudrait savoir au juste ce qu'il en est. Pour moi, je n'ai jamais rencontré personne qui ait pu me dire : je l'ai vu de mes yeux, je vous assure que les choses se passent ainsi.

L'AUMONIER

Pourtant, il me semble qu'on en a beaucoup parlé et que M. Huysmans vient, après les autres, comme pour confirmer ce qu'ils ont pu voir avant lui et comme lui.

LE MISSIONNAIRE

Mais la question est précisément de savoir s'il y a des témoins des pratiques sacrilèges qu'on impute aux satanistes et aux lucifériens. Je suis sûr que M. Huysmans lui-même, interrogé entre quatre-z-yeux, répondrait qu'il n'a pas plus assisté à la messe noire du chanoine Docre qu'il n'a commis avec Mme Chanteloufs les « salacités » qu'il met sur le compte de Durtal.

LE CHANOINE

Vous avez pourtant dit vous-même que Durtal n'était autre que notre auteur, et c'est pour cela que, pour ma part, je n'hésitais pas à le rendre responsable de toutes les turpitudes de son héros. Si je me trompe en cela, ne convient-il pas que nous le déchargions de cette lourde responsabilité ?

LE MISSIONNAIRE

Je n'en crois rien.

L'AUMONIER

Comment pouvez-vous avancer une telle proposition ?

LE MISSIONNAIRE

Vous allez sans doute le comprendre, et vous n'avez qu'à vous placer au point de vue duquel nous apprécions cet ouvrage. Je vous ai déjà dit que la vie privée de M. Huysmans ne me préoccupe nullement ; c'est la manifestation de cette vie ou plutôt des sentiments de cet homme que je juge en les prenant tels que je les trouve dans ses écrits du roman *Là-bas*. Durtal et tout ce qu'il raconte, c'est de la fiction. En écrivant les choses scandaleuses que je lui reproche et d'avoir écrites et de n'avoir pas réprouvées, M. Huysmans a commis une faute qui, pour n'avoir pas eu la réalité d'un événement, ne le rend pas moins coupable de l'avoir imaginé et d'en jeter le récit en pâture à ses lecteurs.

LE PARISIEN

Si vous pouviez vous habituer à son langage, il vous dirait lui-même que c'est de « l'onanisme » littéraire.

LE MISSIONNAIRE

Certes, je ne prétends pas dire que M. Huysmans soit un blasphémateur semblable au satan de Milton ; mais son chanoine Docre vomit, au commencement de sa messe noire, un discours qui dépasse tous ceux que le poète anglais met dans la bouche du rival de Dieu, avec cette différence que, si dans le *Paradis perdu* Satan étale un incommensurable orgueil, dans *Là-bas*, Docre, qui parle au nom du diable, prononce un discours où le blasphème ne cesse de clapoter dans la luxure. De cela encore je ne saurais rien vous citer ; et comme M. Huysmans ne pourra pas se flatter d'avoir découvert le texte abominable de cette prière dans quelque rituel des sátanistes, il faudra bien qu'il en garde la paternité.

LE CHANOINE

En sorte que, là comme pour Gilles de Rais, M. Huysmans ne s'est pas contenté de ce qu'il trouvait dans l'histoire ou dans les livres plus ou moins véridiques de ceux qui prétendent connaître et révéler les secrets des occultistes de nos jours.

LE MISSIONNAIRE

Il a jugé que cela n'était pas suffisant, pas assez assaisonné, ni assez piquant pour ses lecteurs ; il y a ajouté de son fonds tout ce qu'il a pu, et il faut convenir qu'il est riche.

LE CHANOINE

Eh bien ! Messieurs, je demande maintenant s'il est admissible qu'un écrivain qui traîne après lui un tel bagage littéraire, se convertisse et entre dans l'Eglise sans laisser à la porte sa hotte d'ordures.

L'AUMONIER

Mais qui vous a dit qu'il n'a pas donné cette satisfaction à l'Eglise ? Sa conversion est de notoriété publique. Si elle s'est opérée comme il le raconte, il a eu un confesseur, et aujourd'hui il vit chrétiennement, au grand jour ; il ne cesse de se mêler aux rangs des fidèles et vous avez constaté vous-même qu'il a des relations familières, on peut dire amicales avec les prêtres de sa paroisse. Vous comprenez facilement qu'il n'en saurait être ainsi, en supposant qu'il n'ait pas rempli une condition élémentaire comme celle d'une rétractation préalable.

LE CHANOINE

Vous avez parfaitement raison : car on ne pourrait pas dire qu'il a brûlé ce qu'il avait adoré. La question de droit ne saurait donc faire doute pour personne. Quant à la question de fait...

LE MISSIONNAIRE

J'allais y arriver, Monsieur le Chanoine. Mais il convient peut-être de dire que vous ne connaissez pas encore tout le bagage littéraire de M. Huysmans, tout ce qui remplit la hotte qu'il porte aux épaules. J'avoue que je ne suis guère capable de vous bien renseigner ; car, en vérité, et j'espère que vous ne m'en ferez pas trop de reproches, j'ai cru que c'était bien assez de vous *rapporter* ces deux volumes *Là-bas* et *En route*, sans fouiller encore *A rebours*. C'est le volume qui précède *Là-bas* et qui lui-même ne vient qu'après plusieurs autres. Eh bien ! si je m'en rapporte à un de mes amis qui a essayé de le lire, *A rebours* se défend avec succès contre tous les efforts et la bonne volonté d'un honnête homme. Cela en dit long, je vous assure, dans la bouche d'un hommé qui venait de lire *Là-bas*.

LE CHANOINE

J'en reviens donc à ma question, et je demande si ces ouvrages sont convertis comme leur auteur et quel état-civil chrétien on leur a donné dans l'Église.

LE MISSIONNAIRE

Des écrivains qui se convertissent, des livres qu'on expurge, ou que l'on renie, ou que l'on brûle, il semble qu'on ne voie plus cela de nos jours. Le dernier qui nous ait donné cet exemple est peut-être ce pauvre Paul Féval. Il avait écrit des légèretés de gentilhomme un peu gaulois, et cela a suffi pour qu'il se donnât la peine de revoir tous ses romans et d'en donner une édition expurgée et parfaitement convenable. N'attendez pas que je vous annonce une telle preuve de sincérité de la part de M. Huysmans. Ce converti a perfectionné le procédé : il n'a consenti ni à faire sa confession littéraire, ni à se séparer des fils de son esprit. Il n'est pas entré dans l'Église comme un pécheur qui subit les conditions ordinaires, il y est entré en forçant la porte, avec armes et bagages, en vainqueur.

L'AUMONIER

Voilà une conversion et une situation bien étranges, si étranges qu'à vous dire toute ma pensée. j'ai peine à y croire. Car enfin, cette entrée de vive force d'un pécheur dans l'Eglise me paraît tout simplement impossible, attendu qu'il y a le confesseur.

LE CHANOINE

Vous oubliez que nous ne pouvons savoir ce qui s'est passé entre M. Huysmans et son confesseur.

LE MISSIONNAIRE

C'est vrai pour tout le monde, excepté pour M. Huysmans; car il a pris sa conversion pour la consigner tout au long dans son livre comme une vulgaire *interview*. C'est Durtal qui paraît au confessionnal, mais ne savons-nous pas que la conversion de Durtal n'est autre que la conversion de M. Huysmans? La confession de même. Or, je vois bien qu'il avoue discrètement à son confesseur les péchés qu'il a détaillés à ses lecteurs avec la plus copieuse indiscrétion tout au long de deux volumes ; mais je suis bien obligé d'ajouter que cette confession, soit oubli, soit insincérité, n'est pas complète. J'y cherche en vain le péché littéraire ; et j'en conclus que M. Huysmans est entré dans l'Eglise grâce à un subterfuge et qu'en tout cas sa confession ne vaut rien. Il a réussi à sauver à la douane des produits qui ne passent jamais. C'est une conversion de contrebande.

LE PARISIEN

Alors, il n'y a rien de fait ? Je vous le disais bien, Monsieur le Chanoine, et vous ne vouliez pas me croire. Je suis heureux de constater que mon opinion se trouve confirmée par des raisons que je n'aurais pu ni découvrir moi-même, ni soupçonner.

L'AUMONIER

Allons, voilà que vous vous appuyez tous sur une confession de roman pour en tirer des arguments sérieux en faveur d'une thèse préconçue. Je persiste à croire que M. Huysmans a fait à un vrai confesseur une vraie confession qui ne ressemble probablement que de fort loin à celle de Durtal, et que cette confession nous ne la connaissons pas mieux que tout autre.

LE MISSIONNAIRE

Vous oubliez, mon cher Aumônier, qu'au témoignage extra-romanesque de M. Huysmans la Trappe où il est allé se convertir est une vraie Trappe, le père abbé un vrai trappiste, son confesseur de même, ainsi que les cochons du frère Siméon qui sont de vrais cochons. Il ajoute qu'il s'y est converti et confessé. Mais de quoi nous inquiétons-nous ? Quoi qu'il en soit de toutes les circonstances ambiantes, il a dû se confesser. Eh bien ! suivez, je vous prie, mon raisonnement où je ne veux rien mettre de bien *espaynol :* ou il a déclaré son péché littéraire ou il ne l'a pas déclaré. Dans ce dernier cas, c'est la conclusion de tout à l'heure qui s'impose. Si, au contraire, il a confessé sa luxure littéraire, le confesseur a dû lui imposer une pénitence autre qu'une dizaine de chapelet, ou, pour parler plus exactement, il aurait mis une condition *sine quâ non* à l'absolution de ses péchés. Cette condition, vous la devinez ; elle ne fait aucun doute pour vous. Quelle preuve avez-vous que M. Huysmans s'y soit soumis ?

LE CHANOINE

Voilà le point de fait. Quant au droit, personne ne croira désormais qu'un écrivain catholique puisse traîner après soi un bagage littéraire de cet acabit. Il ne s'agit plus que de savoir quelle résolution M. Huysmans a prise vis-à-vis de lui-même. Sachons reconnaître, Messieurs, que le sacrifice qu'il avait à faire était dur autant que méritoire. Un écrivain qui s'ampute de plusieurs volumes : c'est le cas, et j'avoue qu'il n'est pas banal. M. Huysmans a-t-il consenti et procédé à la douloureuse opération ?

LE MISSIONNAIRE

Rien de plus facile à constater. L'opération dont vous parlez aurait dû avoir pour premier résultat de supprimer ces volumes. Or, il est clair qu'ils n'ont pas disparu de la circulation ; après comme avant sa conversion, M. Huysmans déambule par le monde conduisant au marché sa « porcherie » littéraire. Je suis même frappé de l'état de prospérité inouïe jusqu'à présent de ses animaux. C'est

plaisir de voir comment *Là-bas* grandit à l'ombre de
La Cathédrale, et comme le porcher a maintenant
ses entrées à peu près partout ; on rencontre sés
fidèles compagnons au salon, en compagnie des
belles dames et des jeunes filles, aux mains des
prêtres, et, quand M. Huysmans fait la communion,
sur un prie-Dieu de la chapelle de la Sainte-Vierge.

UNE VOIX

Plus haut.

LE MISSIONNAIRE

Je vous demande pardon, Messieurs, j'évitais
comme d'instinct de me faire entendre trop loin.
Croyez bien que dans certains milieux, ce n'est pas
à M. Huysmans qu'on reprochera son inqualifiable
outrecuidance, c'est à moi que l'on fera un crime
de ma prétendue sévérité. — Cher Monsieur, n'est-
ce pas une indignité qu'on parle en termes si
grossiers d'un homme qui édifie toute l'Eglise ? —
Que voulez-vous ! répondra-t-il en allumant une
cigarette, c'est quelqu'un de la *bedeaudaille*, — et il
continuera, grâce à moi peut-être, à se faire des
partisans dans le monde catholique.

L'AUMONIER

Il n'est pas impossible, en effet, que la violence
de vos attaques ne produise un effet tout contraire
à celui que vous en attendez.

LE MISSIONNAIRE

Oui, on plaindra le pauvre Holopherne... Et puis,
voyez quelle alternative. Si je frappe fort, j'excite

la compassion et je ramène à cet écrivain détestable ceux qui sans moi l'auraient peut-être abandonné. Si je le ménage, j'autorise le penchant de ceux qui se plaisent à cette lecture. Tirez-moi de là, je vous prie.

LE CHANOINE

Je ne cherche pas du tout à vous en tirer. Vos coups sont forts, mais ils portent, et il suffit.

LE PARISIEN

Il est certain, mon ami, que tu n'y vas pas de main morte. J'avoue que, sans nourrir de très vifs sentiments de tendresse pour Huysmans qui fut mon ami, je me suis senti presque touché de compassion pour lui. C'était bien mon avis qu'il se fourvoyait dans l'Eglise, mais j'attribuais cela, comme je vous l'ai dit, au besoin de pousser le rôle de son Durtal, qui devait, c'était visible dès le commencement de *Là-bas*, se convertir un jour. Il était donc tout naturel que Huysmans lui assurât son *curriculum vitæ*, dans le monde chrétien, pieux et mystique. Il avait créé ce type remarquable de Durtal, il l'avait lesté d'un idéal qui l'élevait du naturalisme bas au naturalisme spiritualiste et mystique. Dans cet état d'âme, Durtal ne pouvait satisfaire ses aspirations que dans l'Eglise, et encore dans les sphères les plus élevées de la vie mystique, et comme la vie mystique s'est, paraît-il, réfugiée dans les couvents que vous appelez les Trappes, il fallait qu'il entrât dans l'Eglise et qu'il allât se convertir à la Trappe. Huysmans a dû le suivre jusque-là ; sa créature l'entraînait comme malgré lui, et, sous peine de ne plus le comprendre, il devait l'accompagner partout. C'est la servitude, la noble servitude du romancier. Ne la subit pas qui veut, car il faut pour cela être vraiment créateur.

LE MISSIONNAIRE

Tu reviens, si je ne me trompe, à la théorie de l'autre jour sur l'évolution du héros de roman pour rendre compte du motif purement littéraire qui a déterminé la conversion de M. Huysmans..

LE PARISIEN

Parfaitement. Et j'estime qu'il y a de quoi vous rendre plus indulgents pour un écrivain curieux de la vie qu'on mène chez vous et qui n'a pas trouvé pour la connaître de moyen plus sûr que de s'y jeter en plein.

LE MISSIONNAIRE

Je crains bien que ton ingénieuse théorie n'ait pas beaucoup de succès parmi nous. Quoi qu'il en soit, M. Huysmans a fait faire à son Durtal et il a fait lui-même les démarches nécessaires pour entrer dans l'Eglise. Il s'est confessé, et nous avons pu constater, pièces en mains. que sa confession était tronquée et que, de ce fait. la porte de l'Eglise ne lui a pas été dûment ouverte. Nous constatons de même qu'il a introduit frauduleusement dans l'Eglise des écrits qui ne pouvaient que déshonorer le nom catholique et sont une offense perpétuelle à la pudeur comme à la morale publique. Voyons, tu sais, toi, comment il se respecte ; tu sais jusqu'où il est descendu dans l'ignominie de la luxure écrite ; tu sais ce qu'il y a dans *A rebours*, *Là-bas*, et même dans *En route*. Eh bien ! j'en appelle à ton témoignage, quoique tu ne sois pas un modèle de pruderie : dis-moi si tu oserais te présenter avec de pareilles œuvres au prêtre chargé de réconcilier le pécheur ; dis-moi si tu ne les présenterais pas plutôt aux foudres qu'aux bénédictions de l'Eglise ; dis-moi si Huysmans n'a pas jeté l'ordure à la face de cette même Eglise en l'obligeant à le recevoir et à donner en même temps l'hospitalité de ses temples à des livres qui suent la luxure.

LE PARISIEN

Il est vrai qu'il est descendu dans le bassin des fétidites, et qu'il est sorti de là pour aller directement et sans précaution se jeter dans les bras de l'Eglise. C'est quelque chose comme ce qu'il dit du fameux verrat du frère Siméon. L'animal sort de son toit brusquement, et, donnant du groin dans l'air, court se jeter dans la mare au purin, s'y vautre avec délices, s'en va tout droit au frère Siméon, qui, heureusement, le tient, d'un geste, à distance. Seulement, si je m'en rapporte à tout ce que vous venez de dire, l'Eglise n'a pas fait le geste sauveur.

LE MISSIONNAIRE

C'est tout à fait cela. Mais je persiste à croire que nous aurions pu éviter cette aspersion d'un nouveau genre.

LE PARISIEN

Il faut bien croire que cela n'est pas toujours facile. Permettez-moi de vous citer, à l'occasion de cette grave affaire, un incident de ma vie de château, qui tranchera un peu sur les hautes considérations que nous venons d'entendre. C'était le soir après dîner, nous étions au fumoir, les dames causaient au salon : dix dames en toilette de soirée. Le chien mignon était sorti, attiré par un gamin de la ferme qui l'avait pris dans ses bras et jeté au beau milieu de la mare au fumier. Après avoir pataugé quelques instants dans l'eau fangeuse et noire, la pauvre bête se précipita vers le château, entra au salon, se planta au milieu des dames qui formaient corbeille, s'y trémoussa de toutes ses forces et se jeta enfin sur les genoux de sa maîtresse. Tout cela en moins de temps qu'il n'en faut pour le dire. Nous accourûmes aux cris de ces dames. Mais le mal était fait, et je vous laisse à penser dans quel état le chien avait mis les toilettes et les épaules des malheureuses victimes. Seule, la maîtresse de la maison eut assez de présence d'esprit, et de cœur, pour plaindre son chien et l'embrasser encore dans l'irréparable désastre de sa propre toilette.

L'AUMONIER

Tout cela est terriblement sévère, et j'y souscrirais malgré tout si vous pouviez me donner l'assurance que cette situation d'un auteur à la fois converti et pornographe ne s'explique pas par quelque bonne raison.

LE PARISIEN

Je me faisais la même question que M. l'Aumônier, ce qui, sans prouver que nos esprits ne sont
pas des montagnes, montre bien qu'ils marchent
puisqu'ils se rencontrent. Mais comme vous avez la
priorité de la question, je vais, si vous voulez,
prendre celle de la réponse. J'ai donc supposé que
Huysmans pouvait avoir, en effet, quelque bonne
explication à donner de l'irrégularité apparente de
sa situation. Il doit y avoir là-dessous quelque
indulgence particulière que l'Église lui aura ac-
cordée pour le bon motif. L'indulgence, chacun sait
cela, même parmi nous, explique beaucoup de
choses, et, si je ne me trompe, surtout en matière
de conversion. Ainsi, sans aller plus loin, et sans
remonter jusqu'à Constantin, la reine Victoria, qui
est convertie, comme on sait, est autorisée à ne
donner aucune marque extérieure de son adhésion
au catholicisme, et, tout en étant papiste, elle
traîne après soi l'anglicanisme tout entier, qui est
anti-papiste au premier chef. Il y a sans doute loin
de la reine Victoria à Huysmans. Mais le principe
étant le même, l'application suit.

LE MISSIONNAIRE

Il y a peut-être encore plus loin que tu ne crois
de l'un à l'autre de ces deux personnages : car, si
la reine Victoria est convertie, il n'y paraît pas ; et,
si M. Huysmans ne l'est pas (simple hypothèse), il
y paraît (qu'il l'est). Mais la conversion de la reine
est une de ces légendes comme il en pousse parfois

autour de certains personnages. Pour moi, je ne vois pas qu'il y ait aucun motif sérieux d'y croire. Quant à l'indulgence dont tu voudrais faire bénéficier M. Huysmans, elle est tout simplement impossible.

LE PARISIEN

Comment se fait-il que cela ne tombe pas sous l'application du fameux aphorisme que nous regardons, nous, comme un principe, savoir qu'il y a des accommodements avec le Ciel.

LE MISSIONNAIRE

Ces accommodements-là ne se font que dans le monde imaginatif des romanciers et dans le monde imaginaire des romans. L'Église ne se croit nullement tenue de vous suivre sur ce terrain ; et, dans la réalité, elle va parfois beaucoup plus loin que vos hypothèses, et d'autres fois elle reste bien en deçà. Vous croyez donc que l'Église s'arroge un pouvoir sans limites ?

LE PARISIEN

Je ne suis pas seul à vivre dans cette conviction ; et, malgré tout, je me demande quelle peut être la limite du pouvoir qu'elle dit avoir reçu de Dieu.

LE MISSIONNAIRE

Les principes éternels du Vrai et du Bien, tout simplement. L'Église peut changer ses lois, elle en peut dispenser et elle en dispense, pleine d'indulgence dans l'application qu'elle en fait. Mais elle ne dispense jamais des lois naturelles et divines. Elle a usé d'une souveraine indulgence envers M. Huysmans, comme envers nous tous ; elle l'a dispensé, comme tout pécheur, d'une grande somme de pénitence. Mais elle ne peut pas le dispenser de condamner, de renier, de brûler ses mauvais livres.

LE PARISIEN

Je suppose qu'il ait mis cette condition à son retour à l'Église ?

LE MISSIONNAIRE

On lui aurait dit tout uniment : « C'est à prendre ou à laisser. Vous n'avez qu'à choisir entre le bien et le mal, entre le péché et le devoir, entre *Là-bas* et l'Église. » Et notez bien qu'en tout cela il n'y a rien de nouveau, rien de particulier à M. Huysmans. C'est le cas de tout pécheur qui veut revenir : le voleur, le libertin, l'écrivain scandaleux. Le voleur se dépouille de son larcin ; le libertin, fut-il couronné, renvoie la Du Barry ; l'écrivain brûle ses livres. Il n'y a jamais eu, il n'y aura jamais d'autre morale dans l'Église.

LE PARISIEN

Mais c'est bien dur cela.

LE MISSIONNAIRE

Ce n'est que juste, et, en dehors de là, il n'y a plus de morale possible. Un éclair de réflexion te rendra cette vérité plus que claire, palpable.

LE PARISIEN

Mais un écrivain qui ne pourrait pas renoncer à ses livres ?

LE MISSIONNAIRE

Ta réflexion peut créer des difficultés ; elle ne crée pas d'impossibilités.

LE PARISIEN

Je crois que si : et tu en conviendras toi-même, quand je t'aurai dit que Huysmans, pour en venir à lui sans détour, peut avoir vendu ses ouvrages à son éditeur. Car tu ne dois pas ignorer que nous sommes en puissance d'éditeurs qui nous imposent des conditions bien dures. Sais-tu qu'à Paris, sur la place de Paris, se pratique la traite de écrivains, comme à Tombouctou celle des noirs ?

LE MISSIONNAIRE

Je ne te l'aurais pas dit, parce que vous avez toujours à la plume le mot de liberté et que nous aurions mauvaise grâce à commettre l'indiscrétion du loup de la fable. Mais M. Huysmans devrait être aujourd'hui de taille à se défendre.

LE PARISIEN

Ce n'est pas bien sûr. En tout cas, suppose qu'il ait vendu à un éditeur ses ouvrages ; il y a là un contrat qu'il ne peut résilier, et quand ses écrits seraient encore pires qu'ils ne sont, il n'y peut rien. L'éditeur est seul propriétaire ; seul, il a le droit d'exploiter ces volumes, et il ne manquera pas de tirer de ces sacs autant de moutures que permettra le goût du public.

LE MISSIONNAIRE

Je ne conteste pas que la situation de M. Huysmans puisse être telle que tu viens de le dire vis-à-vis de son éditeur. Et, s'il en était ainsi, j'estime qu'il aurait eu là une belle occasion de prouver au public catholique qui, désormais, doit être le sien, la sincérité de sa conversion.

LE PARISIEN

En vérité, mon ami, je crois que tu en parles bien à ton aise. Il regrette, admettons-le, d'avoir commis ce que vous appelez des péchés de plume : et voilà que ces péchés sont devenus comme irrémissibles, je veux dire indestructibles et immortels parce qu'ils appartiennent non plus à leur auteur qui voudrait s'en défaire, mais à un propriétaire qui a intérêt à les conserver, et qui les protège, au nom de la loi, contre leur propre père. En vérité, on ne peut rien faire à cela. Huysmans est désarmé, il ne peut rien.

LE MISSIONNAIRE

Il peut, il doit protester, et d'autant plus haut que l'exploitation de ses ouvrages est plus publique et plus étendue. Sa conscience l'oblige à désavouer le mal qu'il a déjà fait, et qui se propage sous son nom, et sous sa responsabilité. Qu'il désavoue, qu'il délivre son âme.

LE PARISIEN

Et que, par là même. il se livre à la justice. car c'est un procès qui l'attend.

LE MISSIONNAIRE

Admettons qu'il s'expose à un procès. Il faut bien reconnaître qu'on en fait tous les jours pour des causes plus futiles, pour de pauvres questions d'intérêt matériel. Ici, c'est une question de conscience. On voit des écrivains qui plaident contre leurs éditeurs, parce qu'ils croient que ceux-ci les trompent. Le mal ne serait pas grand, en vérité, si quelqu'un de vous s'exposait, par hasard, à perdre de l'argent pour défendre sa conscience. Si M. Huysmans avait fait cela. nous ne serions pas ici pour discuter la valeur de sa conversion.

L'AUMÔNIER

Hé! qui vous dit que, sans aller jusqu'au procès, il n'a pas cherché à se dégager des conséquences de son contrat? Avouez, du moins, que ce n'était pas chose si facile, car ce contrat avait une force légale qui s'imposait.

LE MISSIONNAIRE

Pas tant que cela, peut-être : car, enfin, vous savez ce que vaut en morale et en droit un contrat *de re turpi.* Cela ne fait pas de doute en théologie, et je crois qu'en jurisprudence on peut le plaider. Mais je ne suis pas juriste. Je renonce donc à l'avantage que je pourrais tirer de là, et j'admets

sans peine que ce fût un procès perdu à l'avance.
N'est-ce pas tout ce que M. Huysmans pouvait sou-
haiter de plus avantageux ?

LE CHANOINE

Par là, en effet, il mettait sa conversion au-dessus de toute discussion, il montrait au monde
catholique tout entier qu'il désavouait l'immoralité
de ses livres, il ne s'exposait plus à tromper personne sur la valeur d'écrits que l'on savait réprou-
vés par l'auteur, mais il restait pourtant que ces
ouvrages se vendaient sous son nom Il avait donc,
à mon avis, quelque chose de mieux à faire : il
devait négocier avec son éditeur, accepter une
perte sèche, même considérable, et obtenir à tout
prix, coûte que coûte, la suppression d'écrits qu'il
devrait mettre au premier rang de ses péchés. Supposez un Huysmans qui ait fait cela, nous serions
les premiers à l'acclamer, et l'admiration de tous
les honnêtes gens le suivrait partout, jusque dans
la retraite laborieuse où il s'épuiserait en vue de
payer ses nobles dettes.

LE MISSIONNAIRE

J'ai le regret de vous dire que M. Huysmans ne
nous a pas jugés dignes de ce spectacle; il s'est dé-
sintéressé de cette gloire. Il est évident qu'il n'a
pas fait de procès à son éditeur, et il n'a pas tran-
sigé non plus. Conséquemment, les volumes du
pornographe et ceux du converti et du mystique se
vendent chez le même éditeur, sous le même nom,
et ils se prêtent le secours mutuel de la même ré-

clame. Prenez *La Cathédrale* et vous trouverez au verso de la couverture, comme sous le bras tutélaire de la Vierge de Chartres, ce que j'ai déjà appelé, pour parler comme l'auteur, toute la porcherie de M. Huysmans.

J'ai vu une grande dame, qui, du temps de Louis XIV, aurait eu droit à un carreau dans les salons de Versailles, passer du salon à la salle à manger avec, au bras droit un archevêque, et, sous le bras gauche, un caniche noir. Cela n'excuse pas les libertés que M. Huysmans prend avec la Sainte-Vierge.

LE CHANOINE

Ainsi, il n'a pas même rompu avec cet éditeur? C'est de la complicité.

LE PARISIEN

Ah! cela vous révèle ce qu'il y a de plus humiliant dans notre condition; et c'est par là que le serf de la plume se rapproche le plus de l'esclave antique; car le serf de la glèbe était, je crois, à un degré au-dessus de nous. Nous vendons à l'avance le fruit de nos travaux : vente à vie, c'est la servitude perpétuelle. Quand on pense qu'il y a parmi les gens de lettres une foule de miséreux qui aspirent à ce râtelier ! Si c'est le cas de Huysmans, il a bien fallu qu'il portât sa copie chez Stock.

LE MISSIONNAIRE

Très bien, mon ami. Laisse-moi admirer tout à mon aise le splendide résultat de vos opérations humanitaires pendant un siècle. Vous êtes les hérauts de la Révolution. Vous ne connaissez que droits de l'homme, égalité absolue, inaliénable liberté; il faut avouer qu'il y a des hommes qui ont leur part de ces belles choses, et l'on dirait qu'il n'en reste rien pour vous... cordonniers, n'est-ce pas ?

LE CHANOINE

Enfin, d'après vous, M. Huysmans ne pourrait en aucune façon disposer ni de sa personne ni de son travail : il est acheté, il est vendu, il est la propriété, la chose d'un autre. Il appartient tout à son éditeur, il donne le reste à l'Église. Puisqu'il connaît si bien l'histoire de la magie et de l'alchimie, il sait que les praticiens de ces nobles sciences vendaient leur âme au diable. Le contrat se passait en bonne et due forme ; la rédaction en était nette, et ils signaient avec leur sang. Quand ils revenaient à l'Eglise, ils n'avaient plus à lui offrir que leur corps pour les apparences, qu'ils s'efforçaient de sauver toutes seules. Pour les écrivains qui se sont ainsi vendus à leurs éditeurs, abandonnant ces lambeaux d'âmes qu'on met dans un livre, ils ne peuvent non plus donner à l'Eglise, en se convertissant, que des restes flétris, des ruines abandonnées, des corps sans âme.

L'AUMONIER

Cette situation n'est-elle pas digne de pitié et de la divine miséricorde de l'Eglise? Et comme l'Eglise a des remèdes pour tous les maux, des absolutions pour tous les péchés, il n'est pas admissible pour

nous qu'il y ait des crimes irrémissibles, et que les
âmes vendues des sorciers soient irrévocablement
perdues parce que la cédule est aux mains du diable.
Or, les écrivains ne sont pas moins dignes de considération que les sorciers.

LE CHANOINE

Aussi peuvent-ils être sauvés tout comme eux par
cette raison qu'il n'est pas plus difficile de retirer
la cédule fatale des mains des éditeurs que l'autre
sous-seing des mains du diable.

LE MISSIONNAIRE

Cela ne fait pas le moindre doute. Pour être déli-
vré des mains de son éditeur, à supposer qu'il lui
fût vendu corps et âme, M. Huysmans, il n'en doute
pas, n'avait qu'à le vouloir. A-t-il voulu ? C'est
toute la question. J'entends bien qu'on nous dit que
ses ouvrages pornographiques sont pour lui comme
une tunique de Nessus dont il cherche en vain à se
débarrasser ; et je demande s'il a fait le moindre
effort pour cela.

L'AUMONIER

Vous pourriez le supposer ; l'effort ne serait pas
au-dessus de vos forces, je veux le croire ; et avec
un peu de bonne volonté vous arriveriez peut-être
à vous en procurer la preuve.

LE MISSIONNAIRE

Par malheur, au lieu de m'acheminer à cette
preuve, M. Huysmans m'arrête dès l'hypothèse.

Car, je ne trouve nulle part la moindre expression du moindre regret de ces lamentables écarts de plume, et, si je vais plus avant, je constate jusque dans le récit de la conversion les mêmes licences érotiques.

LE CHANOINE

Ainsi, il est donc bien vrai que M. Huysmans a donné, dans un de ses livres, le récit de sa propre conversion?

LE MISSIONNAIRE

C'est incontestable. Seulement, il a mis cela sous forme de roman, en sorte que la frontière entre l'histoire et la fable reste peut-être quelquefois indécise, et nous serions embarrassés pour dire qu'à tel endroit c'est bien M. Huysmans qui agit et qui parle sous son pseudonyme, et qu'à tel autre endroit il ne reste plus que l'imaginaire Durtal. Quoi qu'il en soit, l'auteur déclare lui-même, dans cette préface dont nous avons dit un mot, que ce qu'il raconte est vrai, que sa Trappe surtout est une vraie Trappe, à laquelle il donne son vrai nom, etc., et il écrit cela, lui, le converti, à des bonnes âmes qui lui demandent des renseignements et des conseils.

L'AUMONIER

C'est, du reste, une excellente idée qu'il a eue là de faire le récit de sa conversion et, quelle que soit la forme, roman ou histoire, de cette autobiographie, ce livre peut être pour les catholiques et pour les autres un foyer d'édification.

11.

LE CHANOINE

Sans aucun doute, et il en est ainsi de tous les livres de ce genre publiés par nos grands convertis. Voyez *Rome et Lorette*; ce livre a paru il y a plus de cinquante ans, et qui pourrait dire tout le bien qu'il a fait à ses innombrables lecteurs ? M. Huysmans aurait donc pu se réserver le bénéfice de cet apostolat, puisque Dieu lui a donné une plume et qu'aujourd'hui c'est par la plume que l'on peut le plus efficacement servir la vérité.

LE MISSIONNAIRE

Vous parlez d'or, Monsieur le Chanoine. Il reste à savoir si M. Huysmans a bien voulu se prêter à la réalisation de votre idéal. A vous dire toute ma pensée, je ne crois pas qu'il en ait rien fait, ou plutôt, je pense qu'il n'a pas le même idéal que vous. C'est ce qui a dû frapper tous ceux qui ont ont lu avec quelque attention *En route*.

L'AUMONIER

Pourtant, je vous assure de nouveau que je connais de bons chrétiens, non des premiers venus, qui ont gardé de la lecture de cet ouvrage une impression très favorable. A part quelques passages qu'ils auraient volontiers supprimés, afin de pouvoir mettre le livre aux mains de tout le monde, le volume leur a paru digne des plus grands éloges.

LE MISSIONNAIRE

... et de la lecture spirituelle de vos bonnes Carmélites.

L'AUMONIER

Il est possible, après tout, qu'on ait cédé à quelque emballement. Je ne défends pas ceux qui ont pu tomber dans quelque excès que ce soit. Après tout, ces excès mêmes proclament le talent de l'écrivain.

LE MISSIONNAIRE

Le talent de l'écrivain, nous pourrons en parler plus tard, si vous voulez. Pour le moment, il ne peut être question que de sa moralité, moralité d'écrivain, j'entends ; car l'homme doit rester en dehors autant que possible. Donc, vous avouez que les lecteurs les plus emballés font des réserves, et je le crois certes facilement.

LE CHANOINE

Cet homme, qu'on dit écrivain, avait pourtant là une belle occasion de faire un chef-d'œuvre. Quand on a eu l'avantage d'être soi-même le théâtre de la lutte la plus poignante qui se puisse imaginer, on devrait trouver facilement, pour en faire le récit, des accents qui prennent naturellement le chemin du cœur. C'est l'âme elle-même qui est en jeu, et les âmes sœurs de ceux qui vous lisent ne sauraient se désintéresser du résultat. Elles suivent donc avec un intérêt passionné les péripéties d'une lutte dans laquelle elles se retrouvent, elles, avec ce qu'elles ont de plus intime, de plus précieux, de plus sacré ; elles s'identifient avec celui qui est aux prises avec les ennemis d'en haut qui s'attaquent à l'esprit lui-même, et avec ceux d'en bas qui s'en prennent à la chair. On peut dire que sur les autres champs de bataille il ne se livre que des combats insignifiants, puisque l'on y peut toujours sauver l'honneur. Dans ces luttes de la conscience, on ne peut être vaincu sans perdre tout, même l'honneur. Mais aussi, l'honneur sauf, tout est sauf. Voyez Madeleine : elle rencontre le Sauveur, et aussitôt un combat s'élève dans son âme, et elle en sort victorieuse et convertie ; adieu la vie mondaine et coupable. Paul, sur le chemin de Damas, reçoit le coup de grâce, et il s'écrie : « Seigneur, que voulez-vous que je fasse ? » La flèche fait seize tours au cadran des siècles, et voici la grande Madeleine du XVIIe siècle qui laisse là Versailles et Louis XIV, le monde et la cour, pour s'emprisonner dans le cloître et s'ensevelir toute vivante sous le froc religieux. Bossuet reçoit ses vœux, et sans crainte, comme si la reine n'était pas dans l'auditoire, comme si le roi ne devait pas entendre l'écho de sa voix, il n'a qu'un mot pour rappeler le passé et le comparer au présent : « Quel état ! et quel état ! » Ces grands changements ne vont pas sans des bouleversements intérieurs dont le récit, quand il peut vous être fait, offre toujours le plus vif intérêt. Et parce que la vérité est contagieuse, ces ébranlements se communiquent à d'autres âmes qui subissent comme leurs sœurs l'action de la grâce et reviennent à Dieu. Ah ! que ceux qui entreprennent

de faire le récit de leur conversion peuvent faire de
bien à leurs frères en les tirant à leur suite, et de
mal en les éloignant de Dieu ! De quel côté croyez-
vous que l'on puisse ranger M. Huysmans ?

LE MISSIONNAIRE

Du côté des convertis qui scandalisent leurs lecteurs et les éloignent de Dieu, pour deux raisons
au moins : D'abord, vous l'avez vu, parce qu'il n'a
renoncé aux péchés de sa vie, qui sont d'abord ses
livres, ni comme Madeleine à sa vie de pécheresse,
ni comme Paul à la persécution, ni comme Mme de La
Vallière à ses amours criminelles. Ensuite, parce
que le récit de sa conversion n'offre que des pièges
à ceux qui y cherchent naïvement un sujet d'édification.

L'AUMÔNIER

Est-il donc possible, en vérité, que ce récit de
conversion soit un abîme de perversité, comme il
vous plaît de le dire ?

LE MISSIONNAIRE

Mon Dieu, Monsieur l'Aumônier, il me plaît de
dire ce qui est vrai. Mais il ne saurait me plaire de
vous en administrer la preuve. Il y a bien à cela
quelque inconvénient : car M. Huysmans, s'il
daigne un jour savoir que nous nous sommes oc-
cupés de lui, pourra triompher de notre silence ;
il ne manquera pas de dire que, si nous pouvions
lui reprocher quelque chose de sérieux, nous ne
manquerions pas de mettre sous les yeux de tout

le monde les passages incriminés de son édifiant
ouvrage. Eh bien ! il en est de *En route* comme de
Là-bas, nous ne pouvons même lire ces trop fameux
passages. Que ceux qui veulent s'administrer eux-
mêmes la preuve de ce que nous avançons, ouvrent
le livre, je ne dis pas au hasard comme pour *Là-bas,*
mais aux endroits que nous leur indiquerions volontiers ; ils verront ce que Durtal fait de ces petites
filles, de ces petites sœurs des pauvres et de cette
Florence que sa plume lubrique, plus encore que
son imagination de viveur, rappelle au premier
plan, et dans quelle posture ! Je n'admets pas qu'un
écrivain étale publiquement son animalité, sous
prétexte de rendre compte de ses tentations. Je
cherche dans cette sorte de livres l'étude impres-
sionnante d'une âme qui lutte contre elle-même,
je n'ai que faire de la physiologie de M. Huysmans.

LE CHANOINE

C'est donc au milieu de ces soubresauts des tentations qu'il s'achemine à sa conversion, qu'il se
prépare, je suppose, à se confesser et à communier.
Car il faut bien sans doute qu'il en vienne là
comme tous les convertis. Et comme l'on n'y arrive
pas sans la prière, il aura sans doute fait dans son
récit une place convenable à la prière. Pour moi,
je l'attends à cette épreuve. S'il n'a pas l'intelli-
gence de la prière, on le verra bien, et je crois que
l'on peut deviner cela à l'accent d'une prière même
écrite. N'avez-vous pas encore dans l'oreille l'accent
des prières qui reviennent si souvent au cours des
confessions de Saint-Augustin !

LE MISSIONNAIRE

Ah! oui, saint Augustin. Mais je vous prie, Monsieur le Chanoine, de ménager mon client et de ne pas exiger de lui qu'il vous fasse entendre des cris du cœur semblables à ceux du grand docteur. Au-dessous de saint Augustin il y a une série de degrés sur lesquels peuvent s'échelonner facilement une foule de bons esprits et de belles âmes.

LE CHANOINE

Vous avez fort bien interprété ma pensée et je ne vois pas pourquoi nous nous montrerions plus exigeants au regard de M. Huysmans que pour tout autre.

LE MISSIONNAIRE

Laissons donc un peu, si vous voulez, le grand saint Augustin et rapprochons notre auteur d'un autre converti de ce temps, de M. Coppée. Il suffit que nous sachions comment ils ont prié l'un et l'autre pour faire la comparaison. J'ai à vous offrir deux textes précieux des prières de M. Huysmans. Quant à M. Coppée, il va nous dire lui-même comment il priait ou s'efforçait de prier. Il ne donne pas son oraison, il raconte l'effort de son âme pour prier, et cela suffit : « Je priais. Hélas ! pour bien prier, pour prier, non des lèvres seulement, mais du fond de mon cœur, je dois faire un effort. Il est si chétif, si débile, le dernier reste de foi que je croyais avoir perdu pour toujours et que m'a rendu la souffrance. C'est comme un tison noir et presque éteint, où courent seulement quelques étincelles et que je ranime éperdûment de mon souffle. Dans le désert de mon âme, desséché par toute une vie d'indifférence, il me faut arracher à chaque pas les mauvaises herbes de la négation et de l'indifférence. Heureusement, vous coulez, ô mes larmes ! Vous fécondez ce sol aride et déjà j'y vois poindre le blé vert de l'espérance. »

LE CHANOINE

N'en doutons pas ; la prière qui est tombée des lèvres de cet homme a été très belle. Que ne nous est-il donné d'en connaître le texte ? Les prières de M. Huysmans que vous venez de nous promettre atténueront-elles le regret que nous en conservons ?

LE MISSIONNAIRE

Je ne sais ; j'en doute ; je me hâte de vous dire que ce ne doit pas être précisément le même ton.

L'AUMONIER

Après tout, chacun prie Dieu comme il sent, et il n'est même pas bon que toutes les âmes vibrent à l'unisson et rendent, sous la touche de la grâce, la même note.

LE CHANOINE

Assurément.

LE MISSIONNAIRE

Eh bien ! je crois pouvoir vous annoncer une variante assez curieuse. Ou je me trompe beaucoup, ou les convertis sont rares qui ont adressé à

Dieu ou à la Sainte Vierge de telles prières. J'ai beau fouiller ma mémoire, je ne trouve, dans tout ce que j'ai lu, rien qui ressemble, même de loin, aux prières de Huysmans.

LE CHANOINE

Alors, c'est tout à fait personnel?

LE MISSIONNAIRE

Absolument original, ou, pour parler plus exactement, complètement nouveau.

L'AUMONIER

On n'a donc jamais prié comme M. Huysmans?

LE MISSIONNAIRE

Jamais, sans aucun doute.

LE CHANOINE

Allons, mon cher Missionnaire, vous êtes pris à votre tour, et c'est bien une des conséquences de la puissance de cet écrivain. Vous savez pourtant bien qu'il n'y a rien de nouveau sous le soleil et je suis bien sûr qu'après avoir entendu ces prières, nous reconnaîtrons que c'est là l'éternel cri du pauvre cœur humain.

LE MISSIONNAIRE

Ah! il s'agit bien du cœur humain et de ses cris perçants qui vont au fond du nôtre! Mon Dieu! comment voulez-vous que je vous dise cela sans emprunter un peu le vocabulaire de M. Huysmans.

Non, il s'agit d'un naturaliste qui, du fond de son ordure, vomit à Dieu sa misère. Je vous fais mes excuses, mais écoutez. Nous commençons par ce qu'il y a de mieux. « Durtal finit par pleurer sans cause définie, simplement par besoin de s'alléger de larmes. Il s'affale sur le prie-Dieu, attendant, il ne savait quoi, qui ne vint pas ; puis, devant le Crucifix, qui écartelait au-dessus de lui ses bras, il se mit à lui parler, à lui dire tout bas : « Père, j'ai chassé les pourceaux de mon être ; mais ils m'ont piétiné et couvert de purin et l'étable même est en ruine. Ayez pitié, je reviens de si loin ! Faites miséricorde au porcher sans place... » — Voilà ce qu'il dit à Dieu. Quand il s'adresse à la Sainte-Vierge, il s'enhardit et, sans doute parce qu'elle est femme, il sait mettre la délicatesse de ses expressions au niveau des circonstances. Il tombe à genoux, disant à la Vierge : « Ayez pitié, écoutez-moi ; j'aime mieux tout plutôt que de rester ainsi, que de continuer cette existence ballottée et sàns but, ces étapes vaines. Pardonnez, Sainte-Vierge, au *salaud* que je suis, car je n'ai aucun courage pour commencer les hostilités, pour me combattre ! Ah ! si vous vouliez ! Je sais bien que c'est fort d'oser vous supplier, alors que l'on n'est même pas résolu à retourner son âme, *à la vider comme un seau d'ordures, à taper sur son fond pour en faire couler la lie, pour en détacher le tartre* ; mais..., mais..., que voulez-vous ? Je me sens si débile, si peu sûr de moi, qu'en vérité je recule ! » Il ajoute : « Pour une fois que je suis moins sec, moins malpropre que de coutume, je ne trouve à dire à la Vierge que des

insanités et des niaiseries. » Qu'aurait - il dit,
Messieurs, s'il avait été ce jour-là ou tout à fait sec,
ou tout à fait malpropre ? Mais je me reprocherais
d'ajouter le moindre commentaire à cette simple
lecture. Il y a des choses auxquelles on ne touche pas
par crainte de les déflorer, et d'autres par un sentiment tout contraire. Mais il me sera bien permis de
dédier le texte de ces deux prières à M. l'Aumônier
du Carmel.

L'AUMÔNIER

N'abusez pas de vos avantages. Car je pourrais
observer que c'est à peu près le premier texte dont
vous vous servez contre un écrivain que vous
chargez des plus graves accusations. Pour moi, je
ne défends pas ce qui n'est pas défendable, et
quoique, dans ces deux inqualifiables prières, il n'y
ait rien de contraire à la foi et aux mœurs ; quoique
j'y trouve même si intense le sentiment si chrétien
de l'humilité, je reconnais bien que cette manière
est contraire à tout ce qu'il y a de plus délicat dans
une âme qui prie, et au respect dû à la Vierge et à
Dieu. J'ajoute, si vous y tenez, que je ne comprends
rien à l'aberration d'un écrivain de talent et d'un
homme qui se convertit et en même temps écrit des
choses si grossières, si contraires à toute vraisem-
blance. Car, enfin, quel est l'homme qui prierait
ainsi ?

LE CHANOINE

Cette question m'obsède comme vous, et ce qui
me déroute, c'est l'inconscience de cet auteur. Que
de fois cette pensée m'est venue depuis le commen-

cement de nos entretiens ! Je me disais que c'était peut-être encore l'excuse la plus acceptable à faire valoir en faveur de cet écrivain.

LE MISSIONNAIRE

Je ne dis pas absolument le contraire. Mais où en serions-nous, Messieurs, si l'on se contentait d'excuser les inconscients ?

LE CHANOINE

Il y en a qu'on enferme. Ce n'est peut-être pas le cas.

LE MISSIONNAIRE

Oui et non. Vous savez qu'il y a des inconscients qu'on interdit en leur enlevant leurs droits de propriétaire et de citoyen. Toutes leurs actions sont ainsi frappées de discrédit, et ils ne peuvent plus faire de tort ni à la société ni à leurs familles. J'estime que l'inconscient dont vous parlez fait d'autant plus de mal qu'il agit dans la plénitude de ses droits de chrétien et que, sous le couvert de ce titre, il exploite l'ordure de ses livres au détriment des âmes. Nous ne saurions mieux faire que de le démasquer. Le démasquer, c'est l'interdire ; car il ne pourra plus se servir d'un titre qu'à mon avis il exploite de la plus odieuse façon. Au surplus, cette inconscience me paraît bien un peu... spéciale.

LE PARISIEN

J'avoue que la première lecture de ces passages, et surtout de la prière à la Vierge, ne m'avait pas

impressionné comme celle que tu viens de nous
faire. Nous sommes, nous autres, habitués à la
manière de Huysmans qui a tant d'affinités avec
celle de Zola. Vous savez qu'une de ses théories se
résume en cette formule digne de Victor Hugo :
« Dieu a infligé l'excrément à l'homme qui y ajoute
le pus. » Partant de là, il estime que tout ce qui
vient de l'homme a un caractère excrémentiel, tout,
la parole comme le reste, et naturellement la
prière comme toute autre parole. Ou je me trompe,
ou la prière à la Vierge a ce caractère, éminemment,
si ce mot ne vous semble pas ici dépaysé. J'ai
donc lu tout cela, je l'avoue, sans me sentir trop
vivement heurté par cette expression de « salaud ».
jetée à la face de la Vierge.

LE MISSIONNAIRE

Laisse-moi dire que, par malheur, tu n'es pas
seul à jouir de cette sorte d'insensibilité littéraire
Je dis littéraire ; si j'abordais le côté moral de la
question, je serais plus sévère. Pour toi, je le
comprends, sans l'excuser absolument. Tu vis dans
ce milieu ; tu nous as dit toi-même que tu habites
sur les frontières de la *Bohème*, et cela en dit assez
long déjà ; tu subis la tyrannie des théories litté-
raires qui triomphent du talent et même du génie,
comme le Prussien triomphe de nous brutalement ;
toi-même peut-être as-tu mis la main à la matière ;
tu es préparé, mon ami, à absorber tout ce que
Huysmans te présentera. Mais ce qui m'étonne.
c'est de voir que, parmi vous, ces compositions
pharmaceutiques ne soulèvent pas plus de dégoût.

Nos jeunes gens, nos jeunes filles peut-être, mais je n'en suis pas sûr, quelques-uns de nos élèves des séminaires absorbent tout cela sans sourciller. Avant-hier, chez un de nos amis, j'en rencontrai un, non des premiers venus, à la fois pieux et intelligent, licencié ès-lettres, très, trop au courant de la littérature contemporaine, qui avait, je crois, tout lu, sachant son Huysmans beaucoup mieux que moi qui venais de le lire avec des yeux d'Argus. Or, dans l'œuvre tout entier de Huysmans, je crois bien que rien ne l'avait choqué, et en rentrant chez moi, je me disais mélancoliquement : Qu'est-ce que la licence fait de ses lauréats ? Qu'est-ce que le séminaire fait de ses élèves ? Voilà un jeune homme parfait, autant que j'en puis juger, moi qui l'ai si peu vu ; il est ouvert, ingénu, pieux, comme un lévite : il a l'esprit développé et cultivé ; le goût affiné autant qu'on peut l'avoir aujourd'hui, puisqu'il est parvenu jusqu'aux plus hauts grades universitaires. Et cependant il se plaît au style et aux fétidités de M. Huysmans ! Il aime ces traits presque tous émoussés, ces comparaisons sans nombre si promptes à venir au secours d'un écrivain en détresse, ces phrases concassées, ce style rocailleux si pénible, ce clinquant d'images d'Epinal, ce cliquetis de tessons de bouteilles, parce que, au milieu de tout cela, il rencontre de loin en loin une perle de troisième catégorie, une pointe d'esprit assez finement aiguisée, un trait qui lui fait l'effet d'une trouvaille. Cette disposition d'esprit littéraire le fait passer sur tout le reste : il admet les gravelures et les innommables grossièretés. Si vous lui faites observer que cela est pourtant bien fort, il vous répond avec un sourire qui en dit long sur votre naïveté. Nos jeunes gens croient qu'ils peuvent tout lire impunément. Je suis effrayé de voir avec quelle légèreté ces jeunes cœurs s'exposent aux contaminations de l'immoralité littéraire et comment ces esprits si faibles encore philosophiquement se jettent dans la mêlée, dans la rafale des opinions du jour. Mais tu disais, si je ne me trompe, que cette lecture ne t'avait pas non plus vivement impressionné, préparé que tu es à la manière et aux mœurs de M. Huysmans ?

LE PARISIEN

Oui, c'est bien cela. Je n'ai bien compris toute l'étrangeté de ce style à part d'eucologe, qu'à la lecture que tu nous as faite de ces deux prières. Chose bizarre, la prière de Huysmans, par l'effet des contrastes qui s'imposent parfois à notre esprit, a fait revivre tous mes souvenirs du séminaire ; il a réveillé au fond de mon âme les échos endormis, hélas ! depuis longtemps, des prières et des cantiques de notre jeunesse. Tout-à-coup, je me suis trouvé, non sans émotion, tel que j'étais alors, à l'époque de ma première communion, par exemple, et plus tard, aux jours de fête de la communauté. Comme si tout cela était d'hier, je me rappelais quelle brise de pureté passait sur mon pauvre cœur, quand mêlé à vos rangs, mes amis, je me laissais aller aux réflexions, je ne dis pas aux rêveries, dans lesquelles se débattait, je le crois, entre la Vierge et moi, la question de ma vocation. Alors je réussissais à m'abstraire de tout le bruit de culte public, je rentrais en moi-même et souvent je pleurais. Tout cela me revenait tout à l'heure pendant que tu lisais la prière du porcher, et je me disais que, littérairement, cette prière est un sacrilège et un blasphème.

LE CHANOINE

Cette énormité nous faisait chercher ailleurs l'explication de ce phénomène, dans l'inconscience de l'auteur, et M. le Missionnaire ajoutait que ce devait être une inconscience d'un genre à part.

LE PARISIEN

Je ne l'ai pas oublié et j'y serais arrivé plus tôt si je n'avais été arrêté par des souvenirs trop personnels sur lesquels je m'excuse d'avoir appelé votre attention.

LE CHANOINE

Mais non, mon cher, ne vous excusez pas, je vous prie. Nous avons été trop heureux de vous retrouver tel que vous étiez au séminaire et de constater que ces souvenirs vous impressionnent encore si vivement. C'est la voie ouverte pour le retour, et si Dieu exauçait mes prières...

LE PARISIEN

Merci, mon cher maître ! Mais...... l'inconscience de Huysmans est telle que je ne sais si je pourrai bien vous la faire comprendre comme je la conçois.

LE MISSIONNAIRE

Nous te dispensons volontiers de toute métaphysique. Il me semble que tu pourrais procéder par comparaisons. Ainsi Huysmans appartient, si je ne me trompe, à l'école de Zola.

LE PARISIEN

Sans aucun doute, et puisque vous voulez des exemples, en voici : Vous savez ce qu'a fait Zola dans la déplorable affaire du condamné de l'île du Diable. C'était, au premier chef, antipatriotique. Zola a-t-il donc fait un crime de lèse-patrie? D'une certaine façon, oui. Mais si vous vous placez pour Zola au point de vue subjectif, il n'en est rien, parce que l'orgueil incommensurable de cet homme l'a aveuglé. Dans ses romans, de même. Vous y relevez des peintures atroces. Zola n'y a rien vu d'abominable, parce qu'il ne faisait qu'obéir à son naturalisme littéraire. Huysmans ne se comporte pas d'autre façon. Il a une théorie : il s'y conforme et voilà tout. Il est tout comme l'anarchiste qui assassine un Président de République et dont Tournade a dit : son geste est beau. Que pouvez-vous reprocher à Huysmans, si sa phrase est bonne?

LE MISSIONNAIRE

J'inclinerais à croire qu'il faut quelque chose de plus pour arriver à cette inconscience. Il ne suffit pas que Huysmans soit le disciple de Zola, à moins que Zola ne soit, comme tant d'autres de tes collègues, le *Disciple* de M. Paul Bourget.

L'AUMONIER

Vous voulez parler de ce roman qui a fait du bruit dans le temps et dont on a tant loué M. Bourget?

LE MISSIONNAIRE

Et avec raison ; car il y a au moins quelque chose de bon dans ce roman-là.

LE CHANOINE

Et quoi donc?

LE MISSIONNAIRE

La préface.

LE PARISIEN

Tu es bien sévère : ne pourrais-tu ajouter le style !

LE MISSIONNAIRE

Assurément, car je n'entends pas mettre Bourget sur le même pied que Huysmans. Mais ce que je veux dire est la condamnation du roman, tel, du moins, qu'on l'entend ou qu'on l'écrit de nos jours. Voilà un auteur qui a du talent, beaucoup de talent (je parle de M. Bourget). Par hasard, cet écrivain a une idée, une très belle et très bonne idée. Si, avec cela, nous n'obtenons pas un chef-d'œuvre de littérature, c'est que nous avons bien de la malechance. Eh bien ! M. Bourget nous promet dans sa préface sa bienfaisante idée et, croyant nous l'avoir donnée déjà, il s'abstient de la mettre dans le corps du roman. Il y met même tout autre chose.

UNE VOIX

Naturellement.

LE MISSIONNAIRE

La voix qui part de votre extrême gauche, Monsieur le Chanoine, devient un peu narquoise. Il n'en est pas moins vrai que j'ai trouvé dans le *Disciple* tout autre chose que ce qu'avait promis M. Bourget. J'attendais un *Disciple* qui serait le type modèle de la jeunesse française, et voici un fort en thème de la philosophie du jour qui noie ses principes d'éducation morale et chrétienne dans les dissolvants du naturalisme au point de se persuader à lui-même qu'il n'y a plus ni bien ni mal moral, qu'il y a seulement des états d'âme, des impressions, des phénomènes plus ou moins curieux, des modifications successives du moi, mais aucune responsabilité. Et quand, après avoir été accusé d'avoir tué la jeune fille qu'il avait séduite, il comprend, non pas son crime, mais la réparation que cette famille peut lui demander au point de vue de l'honneur, le comte Bernard le traite comme il le mérite, en animal : — On ne demande pas de réparation à un homme tel que vous ; on le tue comme un chien, et de deux coups de son revolver il l'étend mort en pleine rue.

L'AUMONIER

Ne vous semble-t-il donc pas que la leçon sorte assez vive de ce cadavre déshonoré ? Sans aucun doute, M. Bourget a voulu montrer que le naturalisme philosophique, ou la philosophie de la volonté est radicalement impuissante à protéger le jeune homme et à le défendre contre les séductions du mal.

LE MISSIONNAIRE

Je crois comme vous que telle fut bien son intention. Aussi bien il le déclare dans sa préface ; mais le roman ne donne pas à mon avis ce que la préface annonce. Un jeune homme se pénètre de cette détestable philosophie qui fait le vide dans la raison ; il il en poursuit l'application dans toutes les rencontres de la vie ; il se persuade qu'il n'y a ni bien, ni mal, mais seulement des combinaisons variées de sensation, des jeux de molécules cérébrales et d'atomes vitaux.

LE PARISIEN

Cela s'appelle faire de la « chimie d'âme ».

LE MISSIONNAIRE

Oui, et rien plus. Or, ce jeune homme tombe, et avant de mourir, il fait, lui aussi, sa confession, non à un prêtre, mais à son maître de philosophie et au public. Il y expose ses principes et ses soi-disant fautes qui, pour lui, n'en sont pas. Ses raisonnements pourraient être capiteux et ses péchés capitaux pour des imaginations de vingt ans, et si, pour les peintures morales, je veux dire immorales, les toiles n'ont ni la crudité ni les dimensions qu'on trouve chez Huysmans, ils ne laissent pas que d'être dangereuses. C'est pourquoi je disais que le roman contemporain est tout à fait incapable de moraliser puisque M. Bourget, avec plus de moyens peut-être

que personne, et avec une réelle bonne volonté, n'y
a pas réussi.

LE CHANOINE

Il réussirait mieux, si je vous ai bien compris, à
faire des inconscients.

L'AUMONIER

Tout cela est fort bien, et je n'ai rien à dire contre votre analyse du *Disciple* Je voudrais bien savoir
comment vous tirez de là l'inconscience morale de
M. Huysmans, puisqu'au contraire il a conçu du
péché et de ses péchés une telle impression de répugnance et de dégoût qu'il ne peut s'empêcher de la
traduire par des expressions que vous jugez
ordurières et dont vous lui faites un si grand grief.

LE MISSIONNAIRE

Mon cher Aumônier, je vois bien que Durtal
regrette les péchés qu'il a commis ; mais je ne vois
nulle part que M. Huysmans, écrivain, ait jamais
caractérisé avec cette énergie les polissonneries et
les fornications de sa plume ; je ne vois pas qu'il se
soit jamais repenti de ces grossièretés inqualifiables
qui tout à l'heure vous choquaient si fort. Si vous
voulez que je vous fasse sur ce point quelques con_
cessions, je reconnaîtrai qu'il n'est sans doute pas
victime du naturalisme philosophique autant que
du naturalisme littéraire.

UNE VOIX

Il n'écrit pas : il se « vide », c'est une inconscience qui « se débonde ».

LE CHANOINE

Voilà, Messieurs, le grand inconvénient du sujet que nous traitons. L'atmosphère se charge de certains mots qui finissent toujours par se répandre.

LE MISSIONNAIRE

Spontanément ou inconsciemment. Au reste, ces mots ne sont que des échantillons du style qui ne peuvent plus guère vous étonner.

LE CHANOINE

On ne s'y fait jamais. Malgré tout, je voudrais aller jusqu'à la fin, et je me demande comment il aura rempli ses devoirs de converti, comment il aura reçu les sacrements.

LE MISSIONNAIRE

Je crois vous avoir déjà dit que sa confession a été tout à fait sommaire. A quoi bon faire si détaillée au prêtre une confession qu'il a déjà faite si copieuse au public. Je louerais cependant la réserve de cetteaccusation, si l'on y respectait les règles élémentaires concernant le nombre, l'espèce et les circonstances. A tout prendre, c'est encore là que Durtal se comporte le moins mal.

L'AUMONIER

Il n'a donc déjà plus cette insconscience dont vous l'accusiez il y a quelques instants ?

LE MISSIONNAIRE

Cette inconscience ne l'abandonne jamais et, vous le savez bien, l'idée ne lui vient pas un instant de s'accuser de ses péchés de plume ; c'est bien quelque chose, mais, rassurez-vous, l'inconscience (si elle avait disparu), revient au sortir du confessionnal quand il s'agit de faire sa pénitence.

L'AUMONIER

C'est peu de chose au point de vue où nous nous sommes placés.

LE MISSIONNAIRE

Peut-être ; et je n'y attache pas une plus grande importance que tout à l'heure pour le ton de ses prières à Dieu et à la Sainte Vierge et, de fait, il s'agit encore d'une prière. Son confesseur lui a donné pour pénitence une dizaine de chapelet. Qu'est-ce que cela, direz-vous peut-être ?

L'AUMONIER

En effet, c'est une vétille, et je ne vois pas sans quelque étonnement que vous voulez vous arrêter à cette dizaine de chapelet. Quelle place cela peut-il tenir dans un récit de conversion ?

LE MISSIONNAIRE

Six ou huit pages, mon cher confrère, et non des moins suggestives. Le pénitent sorti du confessionnal se demande s'il doit dire pour pénitence une dizaine de grains ou une dizaine de chapelets.

Autour de cette question s'élève en lui une discussion qui dure longtemps, jusqu'à ce que ses litiges tombent, comme il dit si bien, en léthargie. Il en profite pour nous faire part des réflexions les plus agréables sur le chapelet. Ce converti, qui sort du confessionnal et qui va communier demain, prend son chapelet à la main et il en joue comme de castagnettes : il le démonte et il jongle habilement avec les grains ; il montre, enfin, tout ce que l'on peut mettre d'esprit dans une « question de patenôtres ». Rochefort aurait fait cet article-là un des jours où la folie du blasphème lui permet de rire encore un peu, et il n'aurait pas été fâché de le faire valoir à l'encontre du sonnet à la Vierge que les catholiques ont eu le mauvais goût de lui remettre sous les yeux. Comme M. Huysmans ne brille pas ordinairement par l'esprit, voulez-vous que nous profitions de l'occasion pour jouir de celui qu'il a !

Qu'est-ce que le chapelet ? *Des gouttes de dévotion mises en globule* : il est donc naturel que mon confesseur *m'ingurgite* le rosaire à haute dose. Mais c'est long à *ânonner*, dix chapelets. Comment faire pour *dévider ses dix bobines ?* Donc il n'a pas prescrit *d'égrapper* plus de dix grains ; je dois *égoutter* une dizaine d'*Ave* et pas un de plus. Alors il *se rue* sur le rosaire ; mais il s'égarait dans les *granules* des *Ave* ; il tournait sans comprendre le *treuil* de ses exorations ; il avait encore trois chapelets à *épuiser* ; il s'élança encore sur son *rouet,* mais il *s'assotit* complètement ; à bout de forces, il se reprocha d'avoir *geint* ces prières. — *Je suis crevé !* s'écria-t-il, et il se dit qu'il pourrait compenser par une dizaine, réfléchie, prononcée avec soin, toutes les *boules* du rosaire qu'il avait *marmonnées*, en passant peut-être les *bols* des *Pater*. — Il essaya enfin de remettre la *manivelle* en marche, mais dès qu'il eût extrait le *Pater*, il divagua ; il s'entêta quand même à vouloir *moudre* les *Ave*, mais alors son esprit se dispersa, en se demandant quel est le but de ce *moulinet d'Ave*. — Vous voyez bien qu'on n'a pas plus d'esprit que cela.

LE PARISIEN

Pauvre Huysmans ! Ce qu'il a peiné pour trouver cela ! Et ce qu'il est payé pour la semaine de forçat qu'il a passée sur ces quelques pages ! Je ne dis pas cela, Messieurs, pour atténuer en rien vos critiques. Mais je ne puis m'empêcher de faire un retour mélancolique sur notre condition d'écrivains. Nous travaillons comme des mercenaires ; les éditeurs nous grugent, et le public même qui nous accorde quelque attention, nous lit à la hâte, nous juge sévèrement, et il passe avec dédain. Je vous dis que Huysmans a sué du sang de son esprit pour ce passage devant lequel vous haussez les épaules.

LE CHANOINE

Hé ! que voulez-vous que fasse la critique littéraire ? Ces pauvretés ne méritent pas autre chose, et si nous étions tentés peut-être d'honorer l'auteur d'un coup de sifflet, la pensée des choses saintes qui servent à la fois de cible et de cadre à ces exercices dignes de Voltaire hospitalisé nous rappellerait au sentiment de notre rôle et à une plus juste appréciation de cette pantalonnade. A présent, j'appréhende l'examen que nous allons faire de la communion de ce trop singulier pénitent. Pourvu que ce ne soit pas trop long. Epargnez-nous, mon ami, car enfin il s'agit de l'Eucharistie.

LE MISSIONNAIRE

Je vais tâcher de vous satisfaire, Monsieur le Chanoine, et, chose étrange, M. Huysmans va se joindre à moi pour répondre à vos désirs. Pour la communion, son héros sera encore plus inconscient que jamais : je me hâte de vous dire que c'est la bonne inconscience, celle qui met à l'abri de tout danger. Il a bien avant la communion quelques ridicules préoccupations. Ainsi la veille du jour où il doit communier, arrive à la Trappe un prêtre qui va sans doute dire la messe à laquelle Durtal devra s'approcher de la sainte table. Or, ce prêtre est « jaune et hilare » et il paraît que ce sont les... couleurs qui répugnent le plus à Durtal. De là viennent les réflexions les plus bizarres, les préoccupations les plus capables de distraire un homme tel que lui. Mais ni cela, ni l'approche de cette première communion ne l'empêchent de concasser dans sa prière des antithèses comme celles-ci : « Seigneur... que votre miséricorde refrène votre équité ; soyez injuste, pardonnez-moi ; accueillez le mendiant de communion, le pauvre d'âme. » A la communion, « Durtal était dans un état de *torpeur* absolu ; le sacrement lui avait, en quelque sorte, *anesthésié* l'esprit ; il gisait, à genoux, sur son banc, inapte à se rallier et à se ressaisir. »

LE CHANOINE

Ah ! il faut remercier Dieu de la mystérieuse *léthargie* dans laquelle il lui a plu de plonger tous les *litiges* de cette âme. Sans doute, M. Huysmans, qui jusque-là n'a rien respecté, aura-t-il enfin tremblé devant le Très-Saint Sacrement ; il aura compris que sa langue naturaliste n'aurait aucune prise sur les espèces sacramentelles.

LE MISSIONNAIRE

Peut-être. Cependant la nature, je veux dire le naturalisme, ne peut perdre tous ses droits. Quand il revint à lui, il se souvint qu'il avait eu « une véritable *syncope* d'âme », il s'attarda sur un souvenir gênant, le côté humain — « la *déglutition* d'un Dieu et son embarras avec l'hostie qu'il avait dû chercher et rouler, ainsi qu'une *crêpe*, pour l'avaler. J'aurais mauvaise grâce à ne pas féliciter M. Huysmans de la délicatesse, relative sans doute, de son langage sur l'eucharistie et la communion.

LE CHANOINE

Il est vrai qu'après tout ce que nous avons entendu, ce langage nous paraît presque acceptable, et cependant... mais je ne veux pas insister, puisque, enfin, je pense que notre conviction est faite. Qu'en pensez-vous, mon cher Aumônier ?

L'AUMONIER

Je pense que je sors, moi aussi, d'un singulier cauchemar. J'en ai la tête singulièrement fatiguée. Je sens comme une double pointe de migraine aux tempes et je ne saurais vous analyser mes impressions. Par un reste d'attachement à une idée que je me croyais personnelle, autant que par un certain esprit de discussion, de contradiction, j'ai continué de faire l'avocat d'office et je le faisais depuis longtemps sans conviction, sans autre désir que de m'éclairer par l'objection même et de forcer M. le Missionnaire à entrer plus avant dans son sujet, à nous en révéler le mystère. Ma conviction est faite, Dieu merci, et...

LE MISSIONNAIRE

... les religieuses du Carmel ne seront pas condamnées à entendre la lecture de *En route*, à balbutier les prières du converti, à semer les *Ave* de leur rosaire des jolis traits dont Huysmans l'a criblé. Nous avons toujours gagné cela. Elles ne l'entendront pas leur expliquer, dans un passage à sens affreusement louche, l'union des âmes avec le Christ, d'une part, et, de l'autre, avec la Vierge ; elles ne verront pas Florence reparaître là avec tous ses droits de fille de mauvaise vie ; elles ne verront pas ce qui pousse dans l'imagination de Durtal aux pieds de la statue de saint Joseph, ni les *paysages de chairs*, ni les *endroits convoités*, ni la *flore immonde*, ni les *ruts avariés*... C'est ce qu'il leur avait préparé pour leur action de grâces, pour le moment où elles seraient sorties comme lui de la syncope de l'âme.

LE CHANOINE

De grâce, épargnez-nous, mon cher ami. Enfin, je pense que nous touchons au terme. Que Dieu bénisse et éclaire M. Huysmans. Pour moi, je ne veux plus m'occuper de ses tristes livres. C'est bien fini.

LE MISSIONNAIRE

Ah ! mais non.

LE CHANOINE

Comment ! vous n'en avez pas encore fini, et vous ne voulez pas que nous allions nous reposer enfin. Songez que nous avons commencé cet entretien à huit heures. Je n'ose pas dire, Messieurs, quelle heure il est. Pour des ecclésiastiques...

LE MISSIONNAIRE

Eh bien, cela veut dire que nous ne pouvons terminer ce soir cette étude, mais il faut que nous revenions une autre fois.

LE CHANOINE

Et ce sera un troisième entretien semblable aux deux premiers ? Je me demande ce que nous pourrons bien avoir à dire encore sur un sujet que je croyais épuisé.

LE MISSIONNAIRE

Il est bien loin de l'être. Rappelez-vous que dans un premier entretien, vous avez posé la question, l'intrigante question de la conversion de M. Huysmans. Nous venons de voir comment il se convertit et quel récit il nous a laissé de son retour à Dieu. Il nous reste à voir, Messieurs, ce qu'il apporte dans l'Eglise et comment il s'y comporte C'est une sorte de chapitre que j'intitulerais : Un disciple de Zola dans l'Eglise.

L'AUMONIER

Et cela promet d'être intéressant ?

LE MISSIONNAIRE

Très intéressant, puisque Huysmans après en avoir agi, comme vous savez, avec Dieu, la Vierge et les sacrements, va s'en prendre à l'Eglise au Clergé, aux Catholiques. Il apporte avec lui des procédés, un langage que vous connaissez déjà, et il se dispose à vous passer au naturalisme. — *Vestra res agitur.* — Pour moi, Monsieur le Chanoine, je m'en tiens à votre parole, et je suis fidèle à la mienne. J'irai jusqu'au bout de ma mission. Je garde mes positions, j'entends poursuivre mes avantages.

UNE VOIX

J'y suis, j'y reste.

LE CHANOINE

Vous avez raison. Donc, Messieurs, à la semaine prochaine, à pareil jour et à la même heure qu'aujourd'hui.

LA CONVERSION DE M. HUYSMANS

TROISIÈME ENTRETIEN

TROISIÈME ENTRETIEN

UN NATURALISTE DANS L'ÉGLISE

Critiques. — Abbé socialiste. — Disciple de Zola. — Naturalisme mystique. — Descriptions. — Les bœufs. — Critique littéraire. — Le latin. — Le français. — Humilité naturaliste. — La mystique. — Morceaux choisis. — Théorie. — La mystique et l'Église. — Le Sacré-Cœur. — Au XVIIe siècle. — Idiots. — Comment on devient grand homme. — Pruderie. — Décolletage. — Un mot de Bossuet. — Lasserre et Zola. — Le clergé. — Prédicateurs. — Ministre... en province. — A Ligugé. — Outrages. — Préjugés. — Paysans. — Souvenirs. — Plume et fusil. — *Ad pœnitentiam.*

LE CHANOINE

Vous savez qu'il y a du bruit dans Landerneau ?

LE MISSIONNAIRE

Je ne sais rien, n'ayant pas vu un chat depuis huit jours. Quand je suis chez moi, dans mon jardin, j'ai à droite le bois du Sacré-Cœur, à gauche la masse du Petit-Séminaire, devant moi les vastes plaines de l'air, et le bruit des langues vient mourir à ma porte.

LE CHANOINE

Elles n'en vont pas moins leur train, et je suis en mesure de vous renseigner assez exactement, je crois, sur ce qui regarde nos confrères du clergé. Vous pensez qu'en sortant de notre entretien, on a causé par groupes. Les jours suivants, on ne se rencontrait guère sans parler de vos jugements...

LE MISSIONNAIRE

Sans douté pour les juger. Juger un jugement, cela nous met tous si haut dans notre propre estime ! Vous ne voulez pas, je suppose, que nous leur renvoyions la raquette.

LE CHANOINE

Non, mais il est bon que vous sachiez ce qu'on dit et ce qu'on pense, s'il est possible. Eh bien ! vous saurez que M. Huysmans a des défenseurs résolus, surtout parmi les jeunes.

LE MISSIONNAIRE

Je n'en suis pas surpris. Brave jeunesse, elle se retourne d'instinct du côté de ceux que l'on attaque. Cela fait grand honneur à son courage.

LE CHANOINE

Ils disent qu'on n'a jamais attaqué avec cette violence un homme qui n'a guère à se reprocher que quelques crudités de style. Vous êtes plus dur pour Huysmans qu'on ne l'a jamais été, par exemple, pour Barbey d'Aurevilly.

LE MISSIONNAIRE

Il est vrai que ce Barbey a pu passer dans l'Église effroyablement crotté sans recevoir les coups de bâton auxquels il avait droit. Je suppose qu'il dut cet avantage à son incontestable talent, qui lui assura l'indulgence de Louis Veuillot. Ce tigre toujours altéré du sang de ses adversaires, comme chacun sait, n'a pas eu un coup de dent pour Barbey. Voilà qui permettra sans doute à M. Eugène Veuillot de dire, dans la *Vie*, que son frère fut quelquefois un tendre agneau. J'aimerais pourtant mieux que le grand polémiste eût cherché à rappeler Barbey d'Aurevilly au respect de lui-même et des autres.

LE CHANOINE

Et comment croyez-vous qu'il traiterait M. Huysmans ?

LE MISSIONNAIRE

Comme nous, avec cette différence qu'il le passerait par les verges d'une main plus sûre et plus dure. S'il a épargné Barbey, c'est que celui-ci n'était après tout qu'une sorte de catholique honoraire, un chevalier de fantaisie, un d'Artagnan qui caracolait autour de l'Église, toujours prêt à prendre sa défense et non sa discipline. Barbey ne faisait pas dire partout qu'il se confessait et communiait; il ne compromettait pas l'Église de la même façon que M. Huysmans. On pouvait laisser passer toutes ses fantaisies. Il opérait autour, mais en dehors de l'Église ; M. Huysmans est presque dans le sanctuaire, et c'est une différence à noter. Mais je n'ai pas la prétention de répondre à nos critiques : nous n'en finirions pas.

L'AUMONIER

Il faut pourtant bien que vous sachiez que l'on cause aussi dans le monde. Notre entretien s'est ébruité un peu partout, et, avant-hier, j'ai trouvé la supérieure du Carmel toute inquiète de ce qu'elle avait appris derrière sa grille. On l'a mise au courant de tout, d'une certaine façon s'entend, et je vois qu'elle est touchée de la plus tendre compassion pour M. Huysmans. Vous aurez de la peine à dissiper ces préjugés.

LE MISSIONNAIRE

C'est bien simple. Chargez-vous de l'opération. Je vais vous donner *Là-bas* et *En route*. Vous lui lirez deux passages de chaque volume aux endroits indiqués par les feuilles écornées, et si votre supérieure ne prend pas la fuite avant la fin du premier morceau, vous jetterez les volumes au tour, en disant : « Ma mère, lisez vous-même. »

LE PARISIEN

Oserais-tu bien tenter la même expérience avec les gens du monde ?

LE MISSIONNAIRE

Certes, non ; ils me prendraient au mot.

LE PARISIEN

Ce n'est pas pourtant qu'ils soient si bien préparés à épouser tes opinions. Car là, il est bon que

tu le saches, on ne t'épargne pas non plus.
Dimanche, notre curé vint dîner au château, ét
bien qu'il n'eût pas assisté à notre entretien, il
jugea à propos d'en parler pour l'édification et la
gouverne de ses paroissiens. Il était, de reste, bien
renseigné, mais il n'en fut pas plus heureux. Quand
il en vint à dire avec quelle sévérité tu avais exécuté Huysmans, ce fut, je dois le dire, un *tolle*
presque général. Ces messieurs, qui avaient lu
Huysmans, disaient qu'après tout il n'est pas si
mauvais et qu'il n'apprend rien de nouveau.

LE MISSIONNAIRE

Ils m'étonnent. Il a pourtant quelque part « un
péché nouveau » inédit qu'il expose avec son habi-
tuelle délicatesse à Mme Chantelouve. Ils sont forts,
tes gentilshommes !

LE PARISIEN

Quant aux dames, elles ne paraissaient pas connaître l'auteur; mais, outre qu'elles lui paraissaient
gagnées à l'avance, elles raisonnaient à leur
manière en disant : Ce n'est pas étonnant, c'est le
Missionnaire qui l'attaque.

LE MISSIONNAIRE

Et tu m'as défendu ?

LE PARISIEN

Ma situation était fort difficile. Je ne voulais
pas dire que j'avais pris part moi-même à çet
entretien.

14.

LE MISSIONNAIRE

Je te reconnais bien là.

LE PARISIEN

Mais, que leur as-tu donc fait? Quelqu'un alla jusqu'à dire : Vous savez bien, du reste, que cet abbé est socialiste. — Vous allez trop loin, dit une vénérable douairière; et nous ne pouvons pas oublier l'article qu'il a écrit pour l'incendie du Bazar de la Charité. Il était vraiment bien cet article. — Oui, ma tante, dit une voix, mais vous savez bien ce qu'on a dit, que, sans la signature, il eût été bien mieux. — Enfin, il m'a semblé que tu jouissais d'une sympathie relative dans notre monde.

LE MISSIONNAIRE

Et tu m'as lâché, mon cher gentilhomme. Mais il ne semble pas que cela fasse belle jambe à M. Huysmans. Au fond, la belle société dont tu parles est trop intelligente pour ne pas tenir compte de nos critiques. Les hommes respectent trop leurs femmes, les mères aiment trop leurs filles pour les exposer aux contaminations de cette lecture. On est chrétien dans ces familles, et c'est tout dire.

LE CHANOINE

Je suppose que ces vains bruits ne sont pas de nature à vous faire changer de sentiments.

LE MISSIONNAIRE

Ni à m'empêcher de dire ce que je pense, savoir
que j'ai pour la plume de M. Huysmans la considération qu'on accorde à une prostituée. Cet homme
cherche à introduire dans l'Eglise un langage et
des mœurs que nous devons réprouver. Il entre
chez nous avec l'intention de nous soumettre
au naturalisme le plus abject, puisqu'il vit de la
boue et qu'il y entraîne tout ce qu'il y a de plus
saint. Il vient avec un style que d'autres peuvent
admirer et que je trouve bizarre et décadent. De
plus, il s'arroge le droit de passer au fil d'une critique atroce tout ce qu'il rencontre dans cette
Eglise où il est nouveau. Il ne respecte ni le Christ,
ni l'âme humaine, ni l'Eglise, ni le Pape, ni le
clergé — et, dans le clergé, ni les écrivains, ni les
prédicateurs, ni les confesseurs, ni aucun prêtre —
ni les catholiques dévots, ni les autres. Eh bien !
je dis qu'en présence d'un homme qui a toutes les
audaces, nous avons le droit de nous indigner et
de crier très haut : Silence ! au disciple de Zola.

LE CHANOINE

Je vois bien maintenant que nous avons encore
de quoi prolonger cet entretien fort avant dans la
soirée. Mais avant d'entrer dans l'examen du naturalisme de l'auteur, pourriez-vous nous dire s'il a
jugé à propos de faire connaître la genèse de sa
conversion ?

LE MISSIONNAIRE

Oui. Il prétend qu'il est revenu à la foi et à la foi

pratique, par atavisme, par dégoût de la vie et par amour de l'art. Mais je dois vous dire que son atavisme est un mot qui désigne l'influence de l'éducation première. Le dégoût de la vie ne paraît pas avoir pesé beaucoup sur ses déterminations. Il n'en est pas de même de l'amour de l'art, au moins tel qu'il l'entend.

L'AUMONIER

Ainsi vous pensez que M. Huysmans est entré dans l'Eglise en amateur, en vrai *dilettante ?*

LE MISSIONNAIRE

C'est-à-dire qu'il y vient avec une théorie toute personnelle sur l'art et les différentes manifestations de l'art. Ainsi, il est et il demeure élève de Zola. Mais il ne trouve pas dans cette école de quoi satisfaire son idéal. L'école naturaliste manquant d'idéal n'aboutit qu'à faire du *cloportisme.* Il entreprend, lui, de la relever en lui infusant une vie qu'il ne trouve que dans l'Eglise, la vie chrétienne et spiritualiste, la vie mystique. Grâce à cette combinaison, il obtiendra le « naturalisme mystique ».

LE CHANOINE

Si je comprends bien, cette conception n'est pas banale. En tout cas elle est neuve. Mais n'y a-t-il pas là une source de conflits entre l'Eglise et son néophyte ?

LE MISSIONNAIRE

Sans doute. Aussi, il faut entendre les objurgations qu'il adresse à cette Eglise. Il lui reproche de n'avoir pas marché avec le siècle, parce qu'elle ne l'a pas compris. Sa grande faute est de n'avoir pas été romantique en 1830 et naturaliste en 1880. Il est clair que Huysmans a été suscité et ressuscité de Dieu pour combler cette regrettable lacune : il est l'homme providentiel de l'Eglise. De là, l'audace imperturbable avec laquelle cet homme s'attaque aussitôt que converti à tout ce qui dans l'Eglise ne répond pas à son naturalisme mystique. Il juge tout cela avec une assurance souveraine et, si vous n'êtes pas de son avis, vous n'êtes que la « bedeaudaille ».

LE CHANOINE

Mais puisque vous dites qu'il ne renonce pas au naturalisme de Zola et qu'il a seulement la prétention d'y adjoindre le mysticisme de l'Eglise, j'ai peine à croire qu'il puisse associer ces deux choses, ou bien alors ce doit être quelque chose d'épouvantable.

LE MISSIONNAIRE

Je le crois. Sa constante préoccupation sera de rendre matérielles, palpables, d'entraîner à la fange les choses les plus pures, les plus éthérées, et de plonger tout idéal dans la matière. C'est le Christ mourant *comme un chien;* c'est sainte Agnès au lupanar; c'est l'extase des bons religieux décrite comme l'état de catalepsie des satanistes; c'est le frère Siméon, si saint, qu'il met dans la compagnie des pourceaux, l'ange dans la bête et la bête à l'écurie.

L'AUMONIER

Sa plume a donc attaqué même le Christ mourant ?

LE MISSIONNAIRE

Il n'admettrait pas cette manière de poser la question. Sa plume naturaliste a tout simplement traité Jésus-Christ en croix par la méthode naturaliste. C'est tout simple. Il s'agit de la Crucifixion de Grunewald. Je ne sais ce que le peintre a fait : c'est un primitif, et, au dire de M. Huysmans, tout ce qu'il y a de plus naturaliste, excepté sans doute la description qu'il en fait. Vous verriez « l'aisselle éclamée ; les doigts hagards ; les pectoraux beurrés par les sueurs ; le torse rayé de cercles de douves par la cage divulguée des côtes ; les chairs persillées de morsures de puces ; à l'heure des sanies, la hanche inondée d'un sang pareil au jus foncé des mûres ; des petits laits ; des eaux semblables à des vins de Moselle gris ; des pieds qui poussaient en pleine putréfaction ; des jambes tordues ; les pieds spongieux et caillés ; le cadavre en éruption ; la bouche descellée qui riait avec sa mâchoire contractée par des secousses tétaniques atroces..., toutes ces maraudes de la souffrance. Et le Christ avait ainsi pu mieux souffrir, râler, crever ainsi qu'un bandit, ainsi qu'un chien, salement, bassement, en allant dans cette déchéance jusqu'au bout, jusqu'à l'ignominie de la pourriture, jusqu'à la dernière avanie du pus ». Cela remplit plusieurs pages.

LE CHANOINE

Ah ! nous reprochons parfois aux chrétiens d'à-présent de mettre dans leurs maisons des crucifix de luxe ; qu'est-ce donc que ce crucifix-là ?

LE MISSIONNAIRE

C'est le crucifix naturaliste. Tout est traité dans ce goût et avec cette méthode. Il ne faut pas s'étonner si le Christ n'est plus comparé à un scélérat mais à un chien qui crève, si l'extase des saints religieux présente le même spectacle que les satanistes dans leurs fureurs. La messe noire n'offre pas un tableau plus... naturaliste que celui où nous contemplons ce massacre de moines : « Par terre des formes humaines étaient couchées dans des attitudes de combattants fauchés par la mitraille ; les unes à plat ventre, les autres à genoux ; celles-ci affaissées les mains par terre, comme frappées dans le dos ; celles-là étendues les doigts crispés sur la poitrine ; celles-là encore se tenant la tête ou tendant les bras... tous ces blessés de l'amour divin jaillissaient hors d'eux-mêmes. Il y en avait à genoux et le buste droit ; d'autres, les prunelles en extase, repliés en arrière et assis sur leurs talons, et souvent ils étaient posés, les uns devant les autres, face à face, et ils se regardaient sans se voir, avec des yeux d'aveugles. »

LE CHANOINE

Ce tableau a du moins l'avantage de n'être que ridicule.

LE MISSIONNAIRE

Il y en a un autre qui ne l'est pas moins, c'est celui de frère Siméon au milieu de ses pourceaux. Ce saint religieux vit dans l'extase et dans les cochons ; il grunnit comme eux ; il vit de leur vie, partage leurs sentiments, et le jour où un artiste de talent illustrera *En route*, il jettera la robe du trappiste sur un être quelconque et il représentera le frère Siméon avec un front déprimé et fuyant, le bas de la figure allongé en manche de groin, au milieu de sa famille spirituelle. Ainsi le veut le naturalisme.

LE PARISIEN

Tu avoueras pourtant que cela ne manque pas d'intérêt. Huysmans a le don de mettre en un relief saisissant tout ce qu'il touche.

LE MISSIONNAIRE

Je ne dis pas le contraire, et je ne cherche pas à déprécier cet art qui consiste à vous montrer sous une forme frappante, à vous faire toucher et sentir ce que l'écrivain entreprend de décrire. Je dis seulement qu'il montre tout par le bas, et que quand. par hasard, il met la main sur quelque chose de grand, d'élevé, de [pur, d'idéal, il ne se tient pour satisfait qu'après avoir rapetissé cette grandeur, descendu cet idéal, souillé cette pureté, jeté enfin cette perle aux pourceaux. N'appartient-il pas à cette école qui ne voit partout que la boue, l'excrément et le vice ? Mettez ces artistes du naturalisme devant n'importe quel tableau de la nature morte ou vivante, ils n'en verront que le côté excrémentiel ou fangeux. Voyez ces laboureurs et leurs bœufs devant lesquels se sont arrêtés les peintres, les poètes, les romanciers, les voyageurs, les paysans, les maquignons. Personne ne les a traités comme les naturalistes. Rosa Bonheur les peint admirablement inondés de lumière ; Lamartine évoque à cette occasion la grande idée de la Providence secondant le labeur humain ; George Sand a le sentiment profond des beautés de cette nature. Faites venir un paysan, il s'écrie, en présence de ces bêtes : quels beaux bœufs ! et un maquignon dira : ils valent tant. Un naturaliste de l'école de Zola ne dira pas même : voyez comme ils travaillent, il dira...:

UNE VOIX

Voyez ce qu'ils.... font.

LE PARISIEN

Allons, mon ami, je crois tout de même que tu pousses un peu loin ta charge, d'ailleurs éloquente, contre ce pauvre Huysmans. Dans ton ardeur ou plutôt dans ton emballement, tu ne t'aperçois même pas que tu tombes dans les excès que tu lui reproches. Tu en arrives à prendre même son style.

LE MISSIONNAIRE

Oui, un style odorant.

15

LE CHANOINE

Trop peut-être, en effet : et je crains que si ce mot sort d'ici, — et comment voulez-vous qu'on ne le répète pas ? — je crains qu'on ne s'en fasse une arme contre vous. M. Huysmans lui-même pourrait s'en emparer, et s'autoriser d'une expression évidemment un peu forte pour dire que vous ne gardez aucune mesure.

LE MISSIONNAIRE

Et il fera croire que, seul, il a de la dignité, de la délicatesse et du respect pour ses lecteurs.

LE PARISIEN

D'autant mieux qu'il ne manque pas de talent, et que son succès, il faut en convenir, va grandissant tous les jours, depuis qu'il a su ouvrir à ses ouvrages un débouché nouveau, en découvrant la clientèle catholique. Tout cela lui fait une situation personnelle assez enviable, et lui assure presque l'autorité d'un chef d'école.

LE MISSIONNAIRE

Tu veux dire que nous nous attaquons à forte partie, et que nous pourrions bien succomber dans une guerre où nous nous sommes engagés à la légère. Je prévois que tu vas nous conseiller de faire la paix. Tu nous prends pour des Espagnols. Huysmans est déjà le Yankee vainqueur, et comme tu n'es pas absolument brave, tu nous recommandes la prudence.

LE PARISIEN

Non, la modération. Je suis le premier à reconnaître que tu as eu de belles manches quand tu as attaqué Huysmans sur le terrain de la pornographie. Je crains que ce succès relatif ne t'entraîne à foncer avec la même confiance sur la question du style. Je t'avertis donc charitablement que, de ce côté. Huysmans est beaucoup plus fort que sur l'article de la morale, telle qu'on l'entend parmi vous.

LE CHANOINE

Parlez-nous donc de ce style particulier que j'ai entendu vanter par un de mes amis, pourtant dur aux défauts déjà signalés. Est-ce dommage, disait-il, que tout le monde ne puisse pas lire les ouvrages d'un écrivain si original et qui a peut-être le talent le plus remarquable de cette époque !

LE PARISIEN

C'est beaucoup dire.

LE MISSIONNAIRE

Quoi qu'il en soit, tu vas nous édifier sur ce point. J'avoue que, pour moi, je n'aurais pas eu l'idée de faire de la critique littéraire, me plaçant à un point de vue plus élevé. Comme je n'écris pas pour écrire, mais pour dire quelque chose, j'avoue que je ne songe pas à chicaner sur la forme, sur le style, quand un honnête homme me dit aussi quelque chose. Mais, puisque vous le désirez, faisons de la critique littéraire ; j'y prendrai plaisir encore pourvu

que la parenthèse ne soit pas trop longue et ne
prenne pas la place de choses autrement impor-
tantes qui attendent encore votre attention.

L'AUMONIER

Je suis bien heureux de vous voir aborder cette
question. On parlait tant de naturalisme depuis un
certain temps que je me demandais en quoi consistait
précisément ce style nouveau. Est-ce donc que ces
Messieurs ont des idées à eux qui donnent à la
langue un lustre qu'elle n'avait pas encore en dépit
de nos grands écrivains et de nos grands siècles ?

LE PARISIEN

Mais, Monsieur l'abbé, il ne s'agit pas d'idées ;
c'est bien ce qui nous préoccupe le moins. Nous
avons recours aux mots et, parmi les mots, nous
choisissons ceux qui nous paraissent les plus forts,
les plus voyants, tapageurs ; nous les combinons
avec d'autres ; nous en faisons un amalgame heureux qui produit le pittoresque. Au besoin, quand
les mots nous manquent tels que nous les voudrions,
nous en fabriquons, tout comme on fabrique des
caractères d'imprimerie, et nous en prenons les
éléments un peu partout. En sorte que nous avons
un arsenal toujours garni, ou plutôt une carrière
d'où nous extrayons sans cesse des cailloux ou des
moellons, voire même des pierres de taille pour la
construction de nos phrases.

LE MISSIONNAIRE

Remarquez bien, qu'en tout cela, il n'est pas question d'idées.

LE PARISIEN

C'est-à-dire que l'idée n'est pas absente totalement, mais elle vient à son rang. Nous ne la méprisons pas, au contraire ; et quand nous avons le bonheur d'en avoir quelqu'une, nous lui jetons les mots à profusion.

LE MISSIONNAIRE

M. François Coppée a donc parlé très exactement quand il a dit que M. Huysmans « met un mot cru dans une pensée délicate ».

LE CHANOINE

Je ne comprends pas bien cette manière de parler. J'avais cru jusqu'à présent qu'on mettait les pensées dans les mots et non les mots dans les pensées. Le mot est essentiellement serviteur ; il est le valet de l'idée ou, si vous aimez mieux, le pigeon-voyageur qui porte la dépêche, la colombe qui symbolise l'esprit, le cristal qui reçoit le rayon, le vase qui s'emplit de nectar et sert à verser dans les âmes la liqueur vivifiante de la vérité. Vous m'étonnez beaucoup en disant que M. François Coppée, qui est pourtant un écrivain, intervertit les rôles en jetant le mot dans l'idée.

15.

LE MISSIONNAIRE

M. Coppée savait bien sans doute ce qu'il disait, et vous avez entendu tout à l'heure que dans le naturalisme, tout est au rebours de la... nature.

LE PARISIEN

Je ne m'arrêterai pas à dévider le fil de ce raisonnement un peu subtil pour moi, comptant que M. Coppée saura bien s'en tirer ; et je reviens à Huysmans pour vous dire qu'il a à son service la plus étonnante collection de mots que puisse rêver un écrivain qui fait de cet article une grande consommation. Aussi n'est-il jamais pris au dépourvu. Voyez comme ses phrases sont riches. J'irais jusqu'à dire qu'il a le luxe insolent ; il se moque visiblement de tous les autres écrivains, même des plus grands qui n'habillent que modestement leurs pensées. Pour lui, il peut les vêtir toutes avec magnificence, et elles ne passent inaperçues nulle part.

LE MISSIONNAIRE

En effet. Vous me rappelez ce benêt de mari qui ne veut pas que sa femme sorte sans se couvrir de tous les brocarts des magasins ; il est heureux de voir qu'on la remarque, et il n'entend pas qu'on dit : Quelle est cette fille ?

LE PARISIEN

Mon ami, tu n'y feras rien : c'est ce qu'on veut aujourd'hui, et visiblement le succès de Huysmans tient à ce que tu parais prendre pour du clinquant.

LE MISSIONNAIRE

Sans doute, c'est du clinquant. Que ne s'efforce-t-il d'être simple ? Il y gagnerait l'estime des gens de goût ? Il aurait un succès de bon aloi, peut-être encore plus grand que son succès de bibelot. Ne sait-il pas que la simplicité est en tout le dernier degré de la distinction ! C'est la règle éternelle du beau pour tout et pour tous, depuis la grande dame jusqu'au grand artiste, depuis le grand écrivain jusqu'au grand orateur. Du reste, j'en appelle à lui-même. Il paraît quelquefois retrouver au fond de son âme d'écrivain ce principe esthétique, et c'est alors qu'il est vraiment intéressant, parce qu'il est vraiment beau. Je ne suis pas ici pour refuser toute valeur littéraire à un homme parce que je le crois coupable d'avoir fait de son talent un déplorable usage. Je sais reconnaître que Voltaire écrivait en français et que M Huysmans n'est pas un balourd. A ce point de vue du style, je déplore seulement que cet écrivain ait été livré à de funestes influences, qu'il se soit fait un idéal à rebours et qu'il ait cherché à être un styliste de foire quand il pouvait, je le crois, devenir tout simplement un bon écrivain. Que va-t-on chercher si loin ? Il en est de l'écrivain comme de l'orateur : un honnête homme qui sait écrire, et voilà tout. M. Huysmans pouvait être cet écrivain-là : il a de la puissance d'observation ; l'imagination ne lui manque pas ; il peut rendre ses impressions avec une force peu commune.

LE PARISIEN

Je crois qu'il ne s'en gêne pas, et il paraît que cela assure son succès.

LE MISSIONNAIRE

Je ne dis pas non ; mais alors il passe de la vigueur, de la force dans le forcé, dans l'extravagant, dans l'odieux. Le mot de Bossuet sur ce qui n'a de nom dans aucune langue ne lui suffit pas. Pour être plus fort que Bossuet il dira : du purin qui fétide, des gaz qui émigrent, de la viande qui tourne, c'est tout ce qui reste. — Et combien de phrases, je ne dis pas de cette force, mais de cette atrocité ?

LE PARISIEN

Il est vrai qu'avec le naturalisme nous sommes tous condamnés à chercher en tout ce qu'il peut y avoir de plus propre à frapper l'attention du lecteur ; c'est un concours ouvert en permanence où chacun doit apporter son effort et réussir sous peine de rester sur le carreau et de mourir de faim.

LE MISSIONNAIRE

Vous êtes les forçats de l'extravagance, condamnés à trouver toujours plus fort que les autres.

L'AUMONIER

Tout cela me paraît bien étrange à moi qui n'ai jamais lu un roman de l'école naturaliste pas plus du reste que d'un autre.

LE MISSIONNAIRE

Vous avez peut-être tort, mon cher ami. Il faut être de son temps, et il est incontestable que le roman tient une grande place dans la littérature contemporaine.

LE PARISIEN

Il paraît en moyenne plus d'un roman par jour.

LE CHANOINE

Ce n'est pas une raison pour en conseiller la lecture à des gens qui, vous l'avez constaté déjà, ne sont que trop enclins à cette sorte de distraction.

LE MISSIONNAIRE

Sans doute, et ce n'est pas ce que je voulais dire. Mais on peut bien conseiller à un homme de l'âge de M. l'Aumônier de ne pas rester ainsi tout à fait en dehors du mouvement littéraire de nos jours. Rassurez-vous, je ne vous demande pas de remplacer les ouvrages sérieux par le roman. Mais dans les milliers de romans qui ont paru depuis trente ou quarante ans, il n'y aurait pas grand mal si chacun en avait choisi une dizaine, et c'est bien à peu près tout ce qu'il doit y avoir là dedans d'un peu digne de l'attention d'un homme sérieux.

LE PARISIEN

Avec ces conseils-là je me demande ce que nous deviendrions.

LE MISSIONNAIRE

Vous feriez des réflexions philosophiques sur votre position sociale.

LE PARISIEN

J'en fais bien déjà souvent : je retourne parfois assez loin dans ma vie.

LE MISSIONNAIRE

Et tu te demandes ce que tu aurais pu faire à telle époque de ta vie et ce que tu serais devenu dans telle ou telle hypothèse. Tu serais peut-être rentré sous le chaume de la maison paternelle (ça se voyait encore dans notre jeunesse), j'aurais béni ton mariage et tu vivrais aujourd'hui tranquille et heureux avec les tiens, sans avoir besoin d'Horace pour jouir de la campagne.

LE PARISIEN

Cela vaudrait bien la chambre d'hôte que j'occupe dans un château.

LE MISSIONNAIRE

Ou bien supposons que tu n'aies pas cédé à un coup de tête d'idéal fourvoyé, tu serais resté au séminaire et, avec quelques protections, tu pourrais être aujourd'hui curé de Dampierre-en-Crot. Une église à faire bâtir, un presbytère modeste sur la côte d'où tu jouirais d'une vue ravissante sur un magnifique paysage en cirque, de quoi remplir ton binocle de soleil et de verdure. Avec cela, des paysans sympathiques au milieu desquels tu passerais lisant un peu la Bible de la nature et de l'humanité, beaucoup la Bible divine, et peut-être ton dernier roman, fait par un autre.

LE PARISIEN

J'avoue que je ne regretterais pas la pauvre chambre que j'occupe rue Mouffetard, au sixième.

LE CHANOINE

Tout cela est bon, mon cher Missionnaire, mais il me semble que vous entrez non sans quelque indiscrétion dans la vie intime de notre ami, au risque d'éveiller peut-être en lui des impressions... diverses. Ce qui est fait est fait. Aussi bien à quelque chose malheur est bon. Si ce que vous venez de dire s'était réalisé, notre ami ne serait pas en ce moment capable de vous dire tant de choses intéressantes sur M. Huysmans.

LE PARISIEN

A la bonne heure ! mon cher Maître ; c'est vrai. Mais je vous dirai sans doute beaucoup mieux l'admirable parti qu'il a su tirer du latin. C'est encore là, je l'avoue, une supériorité qu'il a sur moi. On n'imagine pas tout ce qu'il sait de latin ; et il faut voir comme il l'exploite. Et vous comprenez, quand on a à son service la langue française et la latine.

LE MISSIONNAIRE

Ajoute le *Volapuck*.

L'AUMONIER

Vous dîtes ?

LE MISSIONNAIRE

Je dis : le Volapuck. C'est une langue très simple, destinée à devenir la langue du genre humain. Elle n'a qu'un défaut, on ne la comprend pas. M. Huysmans en fait un assez fréquent usage. Mais il brille surtout par l'emploi du latin ; je ne fais pas difficulté d'en convenir, et j'avoue de même qu'il enrichit la langue de tous ces emprunts dont nous aurions tort de nous plaindre. En le lisant, on est tout de suite frappé de la facilité avec laquelle il fait passer uu mot latin dans notre langue. Ce n'est pas difficile, pour lui : il prend le mot, lui adapte une désinence française, et le tour est joué. Alors vous avez l'agréable surprise de rencontrer des mots comme ceux-ci : *ratiociner*, *détorquer*, *trucider*, *térébrer*, *adjuver*, se promener dans le français avec leur naïf déguisement.

UNE VOIX

C'est un fort en thème.

L'AUMONIER

Ah ! Monsieur le Chanoine, vous devriez bien rappeler à l'ordre l'indiscret qui de temps à autre jette un mot plutôt malheureux dans notre conversation. Ce serait dans son intérêt, car, vous le voyez, il confond le thème avec la version.

LE MISSIONNAIRE

Etes-vous bien sûr de ce que vous dites là ? Cette voix est indiscrète, assurément, et elle va peut-être un peu plus vite que nous. Mais il est vrai qu'au fond il s'agit de thème et non pas de version. Vous allez en juger par d'autres exemples assez topiques. Tenez, M. Huysmans va écrire et comme il écrit en français, il lui vient, je suppose, des mots comme ceux-ci : *insensé, vain, froid, tiède, gai, honteux,* entre autres. Avec dextérité et une agilité rare, il compose et il écrit : *insane, inane, frigide, tépide, hilare, turpide,* comme, en fait de verbes, il dit *ratiociner* pour raisonner, *détorquer* pour détourner, *trucider* pour massacrer, *adjuver* pour aider.

UNE VOIX

Fort en thème, vous dis-je.

LE MISSIONNAIRE

Je ne voudrais pas encourager la voix qui interrompt et donner le mauvais exemple ; mais c'est la vérité pure, voilà du thème ou je ne m'y connais pas. Nos bons vieux mots français sont bien faits, ils ont une tournure française, mais ils sont peut-être trop connus, ils ne peuvent *épater* personne. Moyennant un petit thème de huitième, M. Huysmans fait merveille. Il n'y a encore que les grands hommes pour produire tant d'effet avec si peu de chose. Cela prouve évidemment chez cet écrivain une rare « *surgie* » de talent, un talent tel que si vous supposez qu'il se *dimidie,* il y en aura certes assez pour deux. Toujours du latin, comme vous voyez. Il en joue admirablement.

LE PARISIEN

Tu railles ; mais il joue bien du français. Quand il a besoin d'un mot, il ne le prend pas toujours dans le latin tout fait, il le taille aussi dans le français, comme quand il dit : la cloche *bôomba* ; je n'ai trouvé nulle part une telle intensité d'harmonie imitative.

LE MISSIONNAIRE

Je suis bien de ton avis.

LE PARISIEN

Il dit de même : « la cloche broya dans le bronze du mortier des sons terribles », et encore : « les vers ascétiques du tombeau qui dédaignent les copieuses mamelles et le ragout des bons gros ventres » : on les voit, ces vers. Puis il y a « le bromure des âmes belliqueuses, les gouttes flûtées de leurs sons blancs, des gouttes rebondies de lune. » Ecoutez comme il peint le malaise qu'on éprouve un jour de grande chaleur : « Accablé par l'ignominie des soleils en rage et des ciels *bleus*, dégoûté de baigner dans des Nils de sueur, las de sentir des Niagaras lui couler sous le chapeau, il ne sortit plus de chez lui. »

LE MISSIONNAIRE

C'est tout simplement biblique et *fin de siècle*. Je comprends bien, pour ma part, qu'un ouvrier en photographie se paye un appareil grossissant; mais j'estime qu'un écrivain pourrait en faire un usage très modéré. A part cela, porter à la fois les Nils et les Niagaras par douzaines, sous son chapeau, voilà qui n'est point banal.

UNE VOIX

Eternuez donc !

LE MISSIONNAIRE

Avouez qu'il y aurait de quoi, et c'est peut-être le seul applaudissement qui soit digne de ce pathos.

LE PARISIEN

Mon Dieu, messieurs, cela prouve que nous ne sommes pas du même avis et que de Paris à la province il y a sans doute plus loin qu'on ne croit. J'admets, certes, que l'on trouve beaucoup à redire dans les œuvres de Huysmans et j'en prends à mon aise. Mais le style, la phrase, l'éclat et le nombre prodigieux des images, les traits, les rapprochements inattendus, le cliquetis de mots, que sais-je, tout cela doit lui assurer un rang très honorable parmi les écrivains de l'époque. Et remarquez bien qu'il grandira encore parce qu'il est travailleur et entêté. Il est capable de passer des mois pour chercher et collationner des textes sur une idée qui ne tiendra que quelques pages. De même pour les phrases : il tient à l'impeccabilité de la forme, il ne craindra pas de consacrer des heures à repolir quelques lignes.

LE MISSIONNAIRE

Il est de l'école de Flaubert, pour qui le soleil se levait et se couchait sur la même phrase.

LE PARISIEN

Enfin, c'est un fier travailleur ; il ne connaît pas les *incontinences* d'inertie. Quand il travaille, on peut dire qu'il est admirable. Il amasse ses matériaux ; il a, vous l'avez vu, le verbe français et le verbe latin à son service, il jette au fourneau ses éléments où, pour parler comme lui-même, il cuisine des hachis de mots. Le mélange se fait difficilement peut-être, mais efficacement, dans le creuset de son laboratoire de savant, et il en sort ce que vous savez.

LE MISSIONNAIRE

Oui, ce qu'on a appelé des « produits chimiques ».

UNE VOIX

Respect à la chimie !

LE CHANOINE

J'avoue que l'incorrigible voix nous rappelle, indiscrètement peut-être, aux décompositions peu chimiques que nous avons découvertes au fond des œuvres de M. Huysmans. Nous ne pouvons pas y revenir et chercher encore l'explication de ce mystère d'impureté compliqué encore du problème de cette inexplicable conversion. Trève d'hypothèses.

LE MISSIONNAIRE

« Alitons la santé des conjectures ».

L'AUMONIER

Ah ! je vous en prie, ménagez-moi. J'ai déjà tant de peine à vous suivre.

LE MISSIONNAIRE

Mais, voyons, je parle français : trois mots bien connus : « Alitons la santé des conjectures ». J'avais un ami qui se permettait de soumettre des jeux de mots à son doyen qui ne les comprenait pas. Il les lui démontait sans succès. Quand huit jours après, il avait fini par se les expliquer, le doyen riait de bon cœur. Prenez ma phrase, et si dans huit jours vous l'avez comprise, nous ne serons pas fâchés de l'apprendre de votre bouche.

LE CHANOINE

Oui, nous verrons alors ; mais pour le quart d'heure il me semble que vous avez consacré beaucoup de temps à cette question-secondaire après tout du style de M. Huysmans. J'avoue que j'étais surtout désireux de savoir quel usage il fait de son style et de son naturalisme dans ses jugements et dans ses rapports avec l'Eglise.

LE MISSIONNAIRE

J'aurai la satisfaction de vous dire, Monsieur le Chanoine, que M. Huysmans n'entend pas entrer dans l'Eglise, comme cela, de plain-pied, sans préparation. Il fait donc un retour plein d'humilité sur lui-même ; il commence par reconnaître son indignité, et il se frappe la poitrine de coups et de mots trop bien appliqués pour que je ne vous en donne pas l'édifiante impression.

L'AUMONIER

Alors il se convertit pour tout de bon ?

LE MISSIONNAIRE

Sans doute et comme toujours en fort bons termes, et quand il s'agit de la Sainte Eucharistie, il avoue que « lui offrir comme tabernacle son égout à peine clarifié par le repentir, son égout drainé par l'absolution mais encore à peine sec, c'est monstrueux ». Il ajoute : « Il est certain que je serai turpide, en proposant au Christ de descendre ainsi qu'un puisatier dans ma fosse. »

LE CHANOINE

On pourrait faire une expérience avec ces quelques lignes de texte, et les mettre en style direct. Cela ferait, je n'en doute pas, un pendant à la prière du *salaud* à la Vierge, et un acte d'humilité avant la communion des plus recommandables pour les âmes pieuses.

LE MISSIONNAIRE

...et mystiques, car vous n'ignorez pas que M. Huysmans a un idéal très élevé. Il n'entend pas entrer dans l'Eglise pour y vivre comme la masse des fidèles. Pour cette âme extraordinaire, il n'y a pas

de milieu. Jusqu'à présent, il lui a fallu des « ou-
trances de crimes », il lui faut désormais des « or-
gies de sainteté ». Je crois très volontiers qu'il
n'en viendra pas à dire un jour que, puisqn'il est
« très difficile d'être un saint, il reste d'être sataniste ». Toujours est-il que cette âme partie des
bas-fonds cherche les sommets de la vie mystique,
la compagnie des saints à extases.

L'AUMONIER

C'est même à cause de cela que beaucoup de
belles et bonnes âmes se sont éprises pour lui d'une
très sincère admiration. Je me demande si cela ne
repose absolument sur rien.

LE MISSIONNAIRE

Non pas. Il y a vraiment du mysticisme et une
étude fouillée (un peu fouillis) et feuillue sur le
symbolisme mystique. Il a dû passer pour cela un
très long temps dans les bibliothèques pour y déter_
rer les ouvrages rares de certains auteurs qu'on ne
trouve pas, C'est du reste ce qui lui plaît : il aime
l'inconnu, l'inédit, en fait de documents comme en
fait de phrases, sachant bien qu'avec cela on
« épate » son monde. S'il trouve dans ces écrits
quelque chose d'étrange, quelque « outrance » de
mot ou d'idée, il le note avec soin, et c'est une fiche
de plus. S'il y a dans la vie de quelque mystique
un fait qui tranche même sur ce qu'on trouve dans
la vie des saints, un fait dont le naturalisme puisse
s'enrichir, il ne manquera pas de l'utiliser.

L'AUMONIER

Je ne sais ce que vous allez penser ; mais pourquoi ne ferait-on pas un choix heureux dans ses ouvrages pour donner satisfaction au vif désir qu'on a dans le monde religieux de cultiver cet auteur ?

LE MISSIONNAIRE

Ce désir est-il vraiment si général et si vif ? Et puis, pour extraire ces quelques morceaux, je ne connais pas d'appareil assez perfectionné. En effet, tout se tient, tout se coudoie, tout se compénètre, et je n'ai pas besoin de vous dire que, dans ce milieu, le mysticisme le plus pur s'imprègne de toutes les émanations d'en bas. Impossible de trouver un désinfectant capable de le purifier et de le rendre présentable.

LE CHANOINE

Comment se fait-il qu'un écrivain qui aborde à peine l'Eglise ait fait choix d'un pareil sujet ? Car il faut bien reconnaître que les voies de la vie mystique sont mystérieuses, et que ses manifestations sont souvent embarrassantes pour les hommes les plus versés dans l'étude de la haute spiritualité et dans la conduite des âmes. En vérité, cet homme est téméraire, il s'expose ainsi à plus d'une erreur, et je ne serais pas étonné d'apprendre qu'il commence par se tromper dans l'idée qu'il se fait du mysticisme.

LE MISSIONNAIRE

Je ne saurais vous dire ce qu'il en est; car je cherche en vain à me rappeler un passage qui contienne l'exposé de sa théorie. Il s'attache à des faits, à des mots, à des directions données par des auteurs mystiques. De vue d'ensemble, d'étude de fond, je ne crois pas qu'il en ait. Mais il n'en a pas moins son idée sur la place du mysticisme dans l'Eglise. Pour lui, tout est là.

L'AUMONIER

Il veut sans doute dire que l'on trouve dans la mystique la plus haute manifestation de la vie surnaturelle, de l'union de l'âme avec Dieu.

LE MISSIONNAIRE

Il veut dire que tout ce qui n'est pas mystique ne compte pas, et comme il n'y a pas eu de vrais mystiques depuis sainte Thérèse, vous pouvez conclure D'après cette conception, l'Eglise devient ce qu'elle peut ; elle *s'effuse* en pointe vers le ciel, elle ne se compose que de quelques douzaines d'âmes sublimées qui ne tiennent plus à la terre. C'est tout comme si, de la cathédrale de Chartres que M. Huysmans vient de ravager de ses descriptions, il ne restait plus que les deux flèches. Ne lui parlez pas d'autre chose que du mysticisme. Aussi bien nous verrons ce qu'il fait du reste.

LE CHANOINE

D'après vous, il est plein d'admiration pour tout ce qui touche à la mystique, pour ce qui porte un cachet mystique, pour ce qui a trait aux relations mystiques de l'âme avec Dieu, avec Notre-Seigneur ?

LE MISSIONNAIRE

Vous n'y êtes pas, Monsieur le Chanoine. Vous n'avez donc pas été frappé de ce qu'il y a de plus sensible pourtant dans le caractère de M. Huysmans ? Il est très personnel, dur, exigeant, intraitable. Il n'est satisfait ni de rien, ni de personne, ou à peu près. C'est vous dire qu'il lui serait bien difficile d'étendre sa bienveillance à tout ce qui tient à la mystique. C'est pourquoi il s'applique, il s'évertue à la séparer de tout ce qui pourrait, à son avis, la compromettre.

L'AUMONIER

Il a bien raison, avouez-le. Si on laissait faire tout le monde, la mystique, si admirable dans la vie des saints, deviendrait absolument ridicule, abandonnée aux entreprises de certaines âmes détraquées.

LE MISSIONNAIRE

Il s'agit bien d'âmes détraquées ! Il s'agit de l'Eglise.

LE CHANOINE

Que dites-vous ? A quoi pensez-vous ?

LE MISSIONNAIRE

Que « cette religion est aussi terre à terre que la mystique est haute ». Il ajoute : « Et c'est vrai, cela ».

L'AUMONIER

Voyons, mon cher ami, entendons-nous. Vous

avez ramassé cette phrase dans quelque vieil ouvrage de M. Huysmans, tout au plus dans *Là-bas*, en la prenant peut-être sur les lèvres d'un sataniste ; mais, en tout cas, longtemps avant la conversion !

LE MISSIONNAIRE

Tiré de *En route*, après l'épisode des pourceaux du frère Siméon et après la communion de Durtal. Si vous désirez quelque renseignement complémentaire, je suis prêt à vous le donner... Au surplus, je vais vous le donner tout de même.

L'AUMONIER

Excusez-moi, je vous prie. Je ne vous ai pas répondu tout de suite, parce que j'étais sous le coup de cette révélation qui m'étonne encore après tout ce que nous avons déjà entendu. Mais je désire tout savoir, tout, tout...

LE MISSIONNAIRE

Tout, permettez, je n'en finirais pas ; et le Chanoine, qui trouvait déjà que c'était trop d'un troisième entretien, serait capable de me retirer la parole.

LE CHANOINE

J'en suis bien revenu, et je me sens capable d'aller loin sans dormir : continuez.

LE MISSIONNAIRE

Je vous l'ai dit : c'était après l'épisode des cochons du frère Siméon. Or, Huysmans admire tout haut la vie mystique du saint religieux qui a une âme « candide, tout unie, décortiquée ». Mais, ce qu'il admire bien plus, c'est que ce bon religieux, que l'extase élève jusqu'au niveau de saint Paul, éprouve le besoin de passer le plus de temps possible avec ses cochons : le jour, pour *causer*, *grunnir*, *grogner* avec eux ; la nuit, pour accoucher les mères truies. Parlez-moi de cette mystique !

LE CHANOINE

On croit bien qu'il a voulu pasticher la vie de saint François : mes frères, les poissons et les oiseaux, le loup de Gubbio.

LE MISSIONNAIRE

Assurément, mais ce qui n'est pas moyen-âgeux, c'est cette touche naturaliste. Après cela, vous m'accorderez bien que la mystique peut se dispenser de se tenir sur les cîmes, au-dessus des neiges éternelles, et s'il lui plaît parfois de descendre un peu, si l'âme qui s'efforce de monter s'accroche au vêtement de Notre-Seigneur, si un pauvre cœur s'attache au cœur sacré du Christ pour se purifier comme à la fournaise des flammes éternelles, s'alléger un peu et prendre pied dans la sphère de la vie mystique, M. Huysmans applaudira sans réserve ?

L'AUMONIER

Sans aucun doute.

LE MISSIONNAIRE

Ah! mon pauvre Aumônier, que vous n'y êtes pas !

LE CHANOINE

Voulez-vous dire qu'il n'est pas pour la dévotion au Sacré-Cœur ?

LE MISSIONNAIRE

Oh ! je ne veux pas dire cela ? Je veux seulement dire qu'il en parle à peu près comme du satanisme.

L'AUMONIER

Pour le coup, j'aimerais mieux ne pas entendre.

LE MISSIONNAIRE

Mon ami, vous entendrez tout. J'en ai assez, à la fin, de vos délicatesses effarées et je me demande encore si je n'aurais pas mieux fait de vous mettre sous le nez toutes les... productions de cet homme que, par pudeur, j'ai celées avec soin. Voici, dans un autre genre, qui n'est pas moins fort. — Converti d'hier, cet homme estime que le catholicisme est inepte, et pourquoi ? Parce que « avec l'aide de son clergé et le secours de sa littérature et de sa presse inepte, il a fait de la religion *un fétichisme de canaque attendri*, un culte ridicule, composé de statuettes et de troncs, de chandelles et de chromos ; c'est lui qui a matérialisé l'idéal de l'amour, *en inventant* une dévotion *toute physique* au Sacré-Cœur ! Quelle bassesse de conception !... »

LE CHANOINE

Il faut avouer que, pour un débutant, cela promet.
Si c'est ainsi qu'il traite le Sacré-Cœur, que fera-
t-il de tout ce qui pourra lui tomber sous la main ?

L'AUMONIER

Ce qui me paraît encore plus difficile à expliquer,
c'est la position qu'il a eu l'idée d'aller prendre tout
de suite, sans préparation, au sommet, pour de là
l'attaquer et chercher à démolir tout ce qu'il voit
au-dessous de lui.

LE MISSIONNAIRE

Vous voyez bien qu'il détruit l'Eglise par elle-
même, en jetant sur la toiture les pierres des tours
et des clochers.

LE CHANOINE

Alors, on peut se demander s'il a l'intention de
demeurer dans cette Eglise, où il est entré non sans
quelque fracas.

UNE VOIX

Il fait comme les chats après déménagement.

L'AUMONIER

Que veut-elle dire, la voix ? Car, en vérité, je ne
m'attendais guère à voir des chats dans cette
affaire.

LE MISSIONNAIRE

Elle veut dire que, quand on déménage, le chat
commence par monter sur le toit et jusque sur les

cheminées, cherchant à reconnaître s'il peut retrouver le chemin de l'ancien domicile. Mais il est convenu que ces suppositions nous sont interdites, et, à ce titre, l'interruption ne mériterait pas de figurer au procès-verbal qui, du reste, sera bien encore assez chargé.

LE CHANOINE

Quoi qu'il en soit, M. Huysmans, qui réduit tout au mysticisme, réduit encore le mysticisme lui-même.

LE MISSIONNAIRE

Oui, et plus que vous ne le supposez ; car celui du dix-septième siècle ne trouve pas grâce devant ses yeux ; et il faut voir comment il traite, à cette occasion, la plupart des personnages de cette époque. Le vrai mysticisme étant mort avec sainte Thérèse, il n'épargne ni saint François de Sales, qui l'*écœure* et lui *froisse* l'âme avec ses *mignardises* et son *julep parfumé*, ni sainte Jeanne de Chantal qui fut avec lui une des adeptes du mysticisme tempéré. — Avant eux, saint Ignace rabattait l'âme, en la rapetissant, dans les *cases* de son *gaufrier*, ne la nourrissait que de *minuties fanées*, que de vétilles sèches. — Quant au clergé, il *abominait* la mystique sans la connaître. Bossuet, l'aigle de Meaux, n'est plus qu'un *cormoran*, et Fénelon devient, par sa disgrâce, un *Job mitré*. — Vous pensez que Bossuet n'a qu'à bien se tenir, s'il ne veut pas descendre au niveau du geai : mais (pardonnez-moi cela), il s'en gardera bien, car il y rencontrerait

M. Huysmans. — Tout ce malheureux dix-septième siècle n'aura produit qu'un seul grand homme, je veux dire un seul mystique, Mme Guyon. Celle-là *flambait*, c'était une *emballée* de Jésus. Voilà toute l'histoire mystique du siècle de Louis XIV.

LE CHANOINE

Elle est personnelle ; c'est tout ce que j'en puis dire de plus bénin... Mais s'il continue à marcher de ce train, je me demande quelle grandeur et quelle gloire. cette plume n'aura pas cherché à dégrader, quelle pureté elle n'aura pas ternie

LE MISSIONNAIRE

Que votre inquiétude cède la place à un autre sentiment, Monsieur le Chanoine. C'est fait, il ne reste plus rien à démolir, à attaquer, à souiller. M. Huysmans était pressé : il a déjà jeté l'injure et l'ordure à toute chose, à tout homme d'Église, et vous êtes comme les autres, une de ses victimes. L'Église elle-même...

L'AUMONIER

Je croyais pourtant qu'il avait toujours affecté pour l'Église du respect et plus que du respect, un amour de dévotion.

LE MISSIONNAIRE

Oui, je vous accorde qu'il y a une Église éthérée, vaporeuse, métaphysique, une Église de raison, si vous admettez ce mot, dont il dit du bien. Mais quand il s'agit de l'Église vivante, visible, en chair et en os, que Jésus-Christ a établie sur la terre, qui accomplit son œuvre par sa hiérarchie, son sacerdoce, ses sacrements, et qui vit aussi dans ses fidèles ; oh ! celle-là, elle est presque aussi maltraitée que le Sacré-Cœur. Il veut pourtant reconnaître qu'elle a une certaine vitalité propre et assez admirable puisqu'elle résiste à « l'*insondable stupidité* des siens ; elle a même résisté à l'*inquiétante sottise* de son clergé ; elle n'a pas été entamée par la *maladresse*, par le manque de talent de ses défenseurs : et c'est cela qui est fort ». — Dieu veut qu'il en soit ainsi sans doute, parce qu'elle est « le haras divin, le dispensaire des âmes ». Ce qui ne l'empêche pas d'être bien loin de l'idéal évangélique : car « elle hait le pauvre ; elle est cupide : Elle sait pourtant que la charogne du riche purule autant que celle du pauvre, et que son âme pue davantage encore ; mais elle brocante les indulgences et bazarde les messes ; elle est, elle aussi, ravagée par l'appât du lucre ». Si vous lui demandez après cela pourquoi il se fait catholique, il vous répond qu'il est « hanté par le catholicisme „ grisé par son atmosphère d'encens et de cire ».

UNE VOIX

Imbécile ou farceur ?

LE MISSIONNAIRE

Certes, il n'est pas grisé par l'atmosphère où il rencontrera les fidèles et les prêtres au milieu desquels sa conversion va le faire vivre : car, ceux-là encore, il les habille bien. Visiblement, de tous les

17.

humains qu'on peut rencontrer sur cette terre, ceux qu'on voit dans les églises lui répugnent plus que les autres. D'abord, les catholiques en bloc sont des idiots : et puis, il faut voir « la dégaîne, la tête des gens qu'on voit dans les églises » ; combien qui ne sont que des « cafards et des pleutres ». Presque partout des « gens hébétés et hostiles ». Nous terminerons, si vous voulez, ces citations prises dans le tas, par « la clique des pécores pieuses ».

LE CHANOINE

Dites-nous, si vous le savez, d'où peut lui venir ce mépris invraisemblable pour la foule des catholiques.

LE MISSIONNAIRE

Vous m'en demandez peut-être plus long que je n'en peux savoir, Monsieur le Chanoine. Il faudrait se livrer, pour répondre à votre question, à une étude psychologique qui m'amènerait, je le crains, à la découverte de certaines contradictions intimes, de certains *litiges* sortis de *léthargie* plus capables de me gêner dans mes conclusions que de m'éclairer dans mes recherches. Je vous l'ai déjà dit : je crains de paraître poursuivre l'homme jusque dans la retraite de ses sentiments privés, et je me contente de l'étudier par le dehors, prenant sa parole et laissant ses intentions. Or, je vois qu'il n'est pas encore acclimaté parmi nous. Il ne pense pas, il ne parle pas, il ne vit pas comme les catholiques. Cet antagonisme le gêne et il s'en venge par des épigrammes qu'il s'efforce d'aiguiser sans y réussir toujours. C'est son naturalisme qui lui fait cette situation pénible.

L'AUMONIER

Eh bien ! qu'il se débarrasse de son naturalisme.

LE MISSIONNAIRE

C'est bientôt dit. Mais vous oubliez que le naturalisme est la raison d'être de M. Huysmans dans l'Église, le ressort de sa conversion, la grande idée de sa vie ; sans cela, le retour à l'Église de cet écrivain n'aurait que la valeur d'un fait-divers ; avec cela il prend une importance capitale ; il y a pour moi, dans ce fait, je ne sais quoi de grandiose, de vraiment beau, d'épique. Vous m'accorderez bien que chercher à rendre l'Église naturaliste, c'est une grande et vaste et rude entreprise : c'est la déplorable mais courageuse entreprise de M. Huysmans. Pour vous en convaincre, vous n'avez qu'à vous rappeler qu'il a été attiré à l'Église surtout par l'amour de l'art, et que pour lui il n'y en a pas d'autre que l'art naturaliste qui vous montre Jésus Christ mourant sur la croix « lâchement, comme un chien, dans l'avanie du pus » ; qui veut qu'on se présente à la Sainte-Vierge comme un *salaud* et qu'on écrive de même. Or, il est visible qu'il aura de la peine à faire accepter ce langage parmi les catholiques. Son naturalisme est en quarantaine, en souffrance : il n'est pas encore baptisé. J'espère bien que M. François Coppée ne lui servira de parrain qu'à l'Académie française qui a sans doute plus que l'Église besoin du petit latin de M. Huysmans.

L'AUMONIER

Quel peut être alors son plan de campagne pour faire prévaloir parmi nous son naturalisme ?

LE MISSIONNAIRE

C'est assez simple, comme les idées des grands hommes : nous persuader que nous n'y entendons rien et que nous sommes bornés pour cela. N'avez-vous pas été frappés de voir combien il y a de gens sur la terre qui acceptent parfaitement qu'on leur dise : vous êtes des idiots. Pourvu qu'on ne les prenne pas trop à part, ils acceptent très bien le compliment collectif. Quand un homme a pu prendre ce ton avec les autres, il devient tout de suite très grand et très fort. Je vais plus loin et je dis qu'il n'y a de grands hommes qu'à ce prix. Mais encore y a-t-il un risque à courir : M. Huysmans le court à l'heure qu'il est.

LE CHANOINE

C'est-à-dire ?

LE MISSIONNAIRE

Qu'il nous traite tous d'imbéciles, de têtes de poires, de cuistres, d'âmes subalternes, et quand il veut résumer, d'un mot puissant de **sa création**, tout ce qu'il pense de nous, il nous **appelle** la *bedeaudaille*. Et ce qui prouve la justesse de mon raisonnement, c'est qu'il emploie ce mot-là, il le brandit avec une énergie toute particulière, quand il se plaint de n'avoir pas congé de tout dire comme il voudrait, de tout montrer, d'être arrêté enfin par les règles de la pudeur la plus élémentaire. Ah ! dit-il, si j'avais le malheur d'écrire certains mots, de montrer certaines choses qui sont pourtant dans la nature et que Dieu a faites comme les autres, vous entendriez les cris de toute la *bedeaudaille*, et il crie encore à la *bégueulerie*, à la *pruderie*.

LE CHANOINE

Il y a peut-être quelque chose de fondé dans cette observation. Notre époque est un peu collet monté : est-elle plus vertueuse ?

LE MISSIONNAIRE

Allons, Monsieur le Chanoine, je vois bien que vous avez peur d'être, vous aussi, de la *bedeaudaille*.

LE CHANOINE

Mon ami, il faudra que votre naturaliste nous crie longtemps : Vous êtes des idiots, pour que la persuasion me gagne. Néanmoins, il est permis de chercher à extraire d'une proposition fausse la parcelle de vérité qui, se mêlant à l'erreur, lui assure quelque autorité.

LE MISSIONNAIRE

Eh bien ! je prétends qu'il n'y a là rien de vrai.

LE CHANOINE

Mais vous devenez paradoxal, parce qu'enfin il y a des gens, et vous en avez rencontré comme moi, qui portent en tout une pruderie ridicule, quoique respectable, si cela peut se dire. Tenez, on voit des mères de famille qui poussent si loin la réserve, ce respect grand qu'on doit à l'enfant, qu'elles n'ont pas l'air de soupçonner qu'il faut pourtant bien que leurs enfants connaissent même le mal pour le combattre.

LE MISSIONNAIRE

Oh ! oui, j'ai été comme vous très frappé de cette espèce d'aveuglement. Ces bonnes âmes ne comprennent pas qu'il y a un passage dangereux, mais nécessaire pour la jeunesse : c'est le passage de l'innocence à la vertu. Leur erreur est de croire qu'elles peuvent le supprimer, quand au contraire elles devraient y diriger leurs enfants. Ce n'est pas avec les restes brisés de l'innocence, mais avec l'innocence transfigurée, que l'on doit s'efforcer de former la vertu.

LE CHANOINE

Grâce au préjugé, on tombe dans d'autres excès : on a des exigences incroyables, on s'effarouche de tout. Pour satisfaire ces pruderies, il faudrait expurger l'évangile, amputer le décalogue, abréger le catéchisme.

LE MISSIONNAIRE

... et corriger le sermon. Car vous n'ignorez pas que l'on est très difficile pour les prédicateurs. Nous ne pouvons plus, aujourd'hui, aborder certains sujets, même avec précaution et délicatesse, comme il convient à la chaire, qui n'est ni une école de satire stérile, ni une clinique, ni un théâtre, sans que l'on se répande en récriminations contre le pauvre missionnaire. Et l'on verra parfois cette mère de famille si susceptible laisser sans défiance sa fille en compagnie d'un feuilleton, d'un cousin ou d'un roman tel que *En route* ou même *Là-bas*.

LE CHANOINE

Pourtant, vous n'étiez pas de mon avis quand je disais qu'il y avait du vrai dans la remarque de M. Huysmans sur la pruderie.

LE MISSIONNAIRE

Laissez-moi jouir moi-même de votre satisfaction : l'ironie s'y fait si douce et si heureuse d'elle-même, que c'est un vrai plaisir. Eh bien ! Huysmans ne se donne pas l'avantage de raisonner comme nous. Ce que nous disons là, ce que nous demanderions est très raisonnable. Pour lui. il ne songe pas à cela, et il faut bien prendre la parole d'un homme avec ce qu'il met dedans. Bossuet y mettait du génie, Huysmans y met du naturalisme, nous y mettons, nous, du bon sens. Donc, Huysmans demande qu'on dise tout, qu'on étale tout, sous prétexte qu'il n'y a rien de sale. Etes-vous d'accord avec lui pour n'être pas englobé dans la *bedeaudaille ?*

LE CHANOINE

... ou dans les rets de votre raisonnement. Mais j'avoue que, volontiers, je me laisse prendre de ce côté.

LE MISSIONNAIRE

Mon raisonnement ne prend que du côté de Huysmans. Mais je crois qu'il serre assez bien son homme. Sans compter qu'il y a, par malheur, des catholiques auxquels son reproche ne saurait s'appliquer. Ils sont allés au-devant du naturalisme. Ce sont les lecteurs de Huysmans et de Zola. Le Père Ollivier leur disait un jour : « Vous vous plaignez de la grande influence de M. Zola, c'est vous qui l'avez fait ce qu'il est. » Voilà quels sont les complices de M. Huysmans dans la société des fidèles. Ils sont naturalistes de la veille ; leur chef naturel est l'auteur de *En route*, puisqu'ils sont lecteurs ou lectrices de romans déshabillés, décolletées elles-mêmes.

L'AUMONIER

Je n'ai jamais compris pourquoi nos dames de la société, sérieuses comme elles sont, chrétiennes et pieuses, sacrifient toujours à cette mode détestable.

LE PARISIEN

Ah ! cela remonte loin. Les cours ont donné le ton et peu à peu la mode venant de si haut a fini par s'imposer à peu près partout.

LE MISSIONNAIRE

Oui, mais il faut dire qu'elles ne manquent pas celles qui ont résolûment secoué ce joug. Alors, ou bien elles se moquent résolûment des exigences de la mode, ou bien elles portent des robes assez ouvertes pour ce qu'on appelle l'élégance, assez hautes pour la décence.

LE PARISIEN

Pour les autres, c'est affaire de vanité féminine. La plupart des femmes tiennent à faire valoir tous leurs petits avantages.

LE MISSIONNAIRE

Et où la vanité va-t-elle parfois se nicher.

LE CHANOINE

J'ai ouï dire, il y a longtemps, que deux évêques, après un dîner officiel orné de femmes très décolletées, échangeaient gravement leurs réflexions. C'était à Rennes. L'un d'eux dit : ma voisine était un **vrai débordement de la Vilaine.**

LE MISSIONNAIRE

Que n'a-t-elle reçu en pleine poitrine la leçon de l'évêque !

LE PARISIEN

Vous êtes bien sévères, vous autres Messieurs, pour ces mœurs mondaines. On finit par s'y faire. Au château que j'habite, les dames sont tous les jours en robes basses pour le dîner et la soirée ; et elles en usent largement. Certes, je ne suis pas. comme vous disiez, prude, et je ne suis point tenté de leur jeter l'apostrophe de Tartufe. J'avoue pourtant qu'on pourrait y mettre un peu plus de réserve. Les femmes de la campagne ne se per-

mettent cela que dans l'exercice des devoirs de la
maternité.

LE CHANOINE

Elles partagent avec leur enfant le privilège de
l'innocence.

LE MISSIONNAIRE

Les autres paraissent aussi vouloir donner le
sein à un bébé.

LE PARISIEN

… imaginaire.

UNE VOIX

Femmes laitières et patriotes.

LE CHANOINE

Ah ! Messieurs, voilà un mot que je ne laisserai
pas passer.

LE MISSIONNAIRE

Je demande grâce pour lui, Monsieur le Chanoine.

LE CHANOINE

Pourquoi ?

LE MISSIONNAIRE

Parce qu'il pourrait bien être de Bossuet.

LE CHANOINE

Oh ! pour cela, je suis bien sûr que non, et pour
deux raisons que je crois très bonnes. D'abord,
Bossuet n'était pas trivial.

LE MISSIONNAIRE

Il avait bien quelques traits...

LE CHANOINE

Et puis, il n'avait pas d'esprit.

L'AUMONIER

Voilà qui est un peu fort! Dire que Bossuet n'avait pas d'esprit.

LE MISSIONNAIRE

C'est sans doute très humiliant...

L'AUMONIER

Pour Bossuet...

LE MISSIONNAIRE

Non, pour ceux qui en ont (de l'esprit), et surtout pour ceux qui en font comme celui qui a fait le mot, objet de nos *litiges*. Mais je persiste à croire que Bossuet y pourrait bien être pour quelque chose. Si je savais mon Bossuet comme M. Brunetière, je vous aurais déjà cité la phrase. N'y a-t-il pas au Discours sur l'*Histoire universelle*, un chapitre de la troisième partie consacré presque tout entier aux Egyptiens? Rappelez-vous, Messieurs : « ... Le régime qui fait les esprits solides, les corps robustes, les femmes fécondes et les enfants vigoureux. »

LE CHANOINE

Je reconnais bien là Bossuet, personne ne peut s'y tromper. Mais...

LE MISSIONNAIRE

C'est tout à fait cela.

LE CHANOINE.

Moins la pointe. Bossuet n'a jamais fait d'esprit.

LE MISSIONNAIRE

Bah ! on lui en a prêté un peu, voilà tout. Pour une fois...

L'AUMONIER

Seulement, si on sait cela dans le monde, que dira-t-on ? Vous savez que déjà l'on est assez mal disposé. Elles se vengeront.

LE MISSIONNAIRE

Qu'elles prennent un fichu.

L'AUMONIER

Quoi que vous disiez, ce mot me paraît, comment dirai-je !

LE MISSIONNAIRE

Un peu naturaliste, et c'est vrai. C'est la faute à Monsieur le Chanoine. Si nous n'étions pas venus ici, nous n'aurions pas été exposés aux intempérances de cet anonyme. D'autre part, il faut bien reconnaître, à sa décharge, que notre conversation, toute faite du naturalisme de M. Huysmans, a pu le suggestionner presque jusqu'à l'inconscience. Vous savez, l'inconscience des grands criminels.

LE CHANOINE

L'incident est clos. C'est assez sortir de notre sujet pour battre les buissons.

LE MISSIONNAIRE

J'estime, sauf respect, que nous n'avons jamais été mieux dans notre rôle, puisque nous faisons de l'apostolat, du vrai, pour rappeler au respect des convenances ceux ou plutôt celles que M. Huysmans voudrait entraîner encore plus loin dans le naturalisme. Nous ne pouvons pas lui abandonner de gaieté de cœur cette proie. Or, c'est fait.

LE CHANOINE

Et ce qui nous reste à faire !

LE MISSIONNAIRE

On dirait, Monsieur le Chanoine, que vous êtes impatient d'en finir. Pour moi, je suis indifférent et j'accepte à l'avance votre décision.

LE CHANOINE

Si, pourtant, il y a encore quelque chose qui puisse nous intéresser...

LE MISSIONNAIRE

Çà dépend. Comment l'entendez-vous ? Car il y a les injures que Huysmans vous adresse, les coups qu'il vous donne ; et cela, en effet, peut être relativement intéressant. C'est à vous qu'il appartient d'en décider en consultant vos goûts.

UNE VOIX

Sganarelle...

LE CHANOINE

Nous n'avons pas entendu. — Si vous abordez ce sujet, on dira que nous n'avons trouvé dans tout cela qu'une question cléricale, que **nous plaidons** *pro domo*.

L'AUMONIER

Si nous négligeons les attaques dont il est question, l'on prétendra que nous n'avons rien à répondre.

LE MISSIONNAIRE

Et quel est ton avis ?

LE PARISIEN

Mon avis est que vous en ferez bien ce que vous voudrez. En tout cas, vous n'avez pas à prendre les choses au tragique en attachant plus d'importance qu'il ne convient aux attaques de Huysmans. Je crois me rappeler qu'il traite assez durement le clergé ; mais il devait avoir ses raisons pour cela, des raisons d'écrivain. Songez donc qu'un écrivain comme lui est en présence du grand public. Il faut bien qu'il prenne une attitude ; c'est commandé, cela. Il a pris celle-là plutôt qu'une autre et voilà tout, et je suis convaincu que le premier prêtre ou catholique recevrait de lui les marques du respect le plus sincère.

LE MISSIONNAIRE

Après avoir reçu des témoignages non moins sincères de son mépris.

LE PARISIEN

Sans doute ; mais c'est la cloison étanche, et le compartiment d'à côté.

LE MISSIONNAIRE

C'est toujours pour nous le compartiment des imbéciles, et nous ne le quittons que pour occuper celui des « misérables soutaniers ». Vous ne soupçonnez pas tout ce qu'il a mis dans cette expression.

L'AUMONIER

Et il n'attaque ainsi que le clergé ?

LE MISSIONNAIRE

Il attaque tout le monde. Il lui suffit que l'on soit catholique. En voici une preuve qui vous prouvera par surcroît qu'il reste très attaché au parti qu'il prétend avoir quitté en se convertissant. Vous savez que Lasserre et Zola ont écrit sur Lourdes. A ce propos, M. Huysmans est stupéfié de la façon dont le Sauveur s'y prend pour « épandre » les grâces réservées à Lourdes, et il y a de quoi. Il suscite un homme dont le livre est traduit dans toutes les langues, portant partout la connaissance de l'apparition. Mais « pour que cette œuvre soulevât les masses, il fallait que l'écrivain fût un arrangeur habile, qu'il n'eût aucun style personnel, aucune idée neuve. Il fallait un homme qui fût sans talent; et cela se conçoit puisque le public catholique est encore à cent pieds au-dessous du public profane. Et Notre-Seigneur fit bien les choses; il choisit Henri Lasserre ». — Plus tard, quand Notre-Seigneur pense qu'il est bon de ramener l'attention sur les bienfaits que répartit sa Mère, le *greffier des miracles* doit être mis à l'écart Il faut un livre pour « cet immense public que sa *prose de sacristain* ne pouvait atteindre, un *public moins plat* et plus difficile à contenter. Il faut un *homme de talent*, très connu, dont les formidables tirages pussent *contrebalancer* ceux de Lasserre. Emile Zola lui seul était apte, avec sa *large encolure, ses ventes énormes, sa puissante réclame, à relancer* Lourdes. »

... « Lasserre et Zola furent deux instruments utiles, l'un sans talent et ayant par cela même remué les couches les plus profondes des *mômiers;* l'autre, au contraire, s'étant fait lire par un public plus intelligent et plus lettré, à cause de ses magnifiques pages où se déroulent les multitudes en flammes des processions... » Je tenais à vous faire cette lecture, parce que le naturaliste, élève de Zola, y montre à la fois ses sentiments naturalistes et son enthousiasme mystique. C'est là que j'ai besoin de croire à tes cloisons étanches, au dualisme de M Huysmans pour ne pas croire à sa duplicité.

LE CHANOINE

C'est un jugement de parti et de parti-pris.

LE MISSIONNAIRE

M. Lasserre est heureux de n'être pas prêtre. S'il portait une soutane, comme Mgr Guérin, il ne serait plus qu'un « roussin », mieux que cela, un « sacristain et un marguillier ». Car c'est au clergé surtout qu'en a cet écrivain.

L'AUMONIER

A tout le clergé ?

LE MISSIONNAIRE

En bloc. Il n'a de préférence que pour certains religieux, ce qui ne l'empêche pas, le malheureux, de dire que « Rome n'ignore pas l'effroyable développement qu'à pris de nos jours l'incubat dans les cloîtres ». Et pourtant il n'y a rien de bon que là. puisque c'est « la fleur du panier des âmes ». S'il en est ainsi, je vous laisse à penser ce qu'il reste d'un peu propre dans toute l'Eglise.

L'AUMONIER

Mais c'est une abomination.

LE MISSIONNAIRE

Attendez votre tour. s'il vous plaît, vous serez servi à souhait. Pour prendre les choses à l'origine, il observe que notre jeunesse cléricale se forme dans le *bain-marie* des séminaires, et quand nous sortons, après avoir donné aux ordres religieux les meilleurs d'entre nous, nous ne sommes plus « que la *lavasse* des séminaires. un *déchet* ».

LE CHANOINE

Et c'est là son commencement, dites-vous ?

LE MISSIONNAIRE

Oui, car il vous suivra tout le long de votre vie, et, si j'en avais le temps et le goût, je vous apporterais des textes pour toutes les situations. En voici quelques-uns : Il prend d'abord le prêtre à l'autel. Eh bien ! il faut que vous le sachiez d'abord. dans toutes nos églises modernes, aucun saint n'a jamais célébré la messe. Aussi faut-il l'entendre parler de ces messes *gargotées, bazardées*, comme l'on en *cuisine* tant à Paris. Dans le récit de sa communion à l'autel de Notre-Dame-de-Sous-Terre, dans lequel M. François Coppée veut bien voir un chef-d'œuvre, Durtal est surtout en admiration devant le clerc. Si la messe est convenable, à peu près, c'est grâce à la gravité, à la piété angélique de cet enfant. Le prêtre ne *gargote* pas sa messe parce que la lenteur des réponses du clerc l'oblige à modérer son allure. Il est vrai que ces enfants servent la sainte messe à l'édification de tout le monde, et j'en puis rendre témoignage. Mais ces enfants ne tiennent pas cela, je suppose, de la pétulance de leur âge, qui se retrouve même à Chartres. Il sont les élèves des prêtres qui, avec M. l'abbé Clerval, forment avec tant de soin les petits clercs de Notre-Dame, et il est probable que l'enfant si sage de M. Huysmans servait la messe d'un de ces prêtres. — Retenez ceci : Pour Huysmans, en dehors de quelques trappistes, il n'y a pas de prêtres qui dise convenablement la messe.

LE PARISIEN

Il faut croire alors qu'il est déjà aussi difficile à satisfaire en religion qu'en littérature. Pour la littérature, c'est Zola qui est le trappiste, et je crois qu'il est seul à pouvoir officier au goût de Huysmans.

LE MISSIONNAIRE

A Saint-Sulpice, le soir, à 8 heures, Durtal est venu pour se *trier* en paix, pour se *pouiller* l'âme sans être vu. Par malheur, on prêche. « Il reconnaît à la vaseline de sa voix, à la graisse de son débit, un prêtre solidement nourri, qui versait sur ses auditeurs les moins omises des rengaînes. » Voilà un prêtre bien habillé. Mais pourquoi faut-il qu'il soit ainsi ? Parce qu'il ne doit pas être autrement. Il faut que Durtal puisse dire : Pourquoi sont-ils tous si dénués d'éloquence ? Ce prêtre, ce vicaire de Saint-Sulpice parle simplement, comme il convient à l'auditoire et à la circonstance. Mais ce n'est pas la cause du mépris de Durtal, puisque les autres prédicateurs de Paris, les plus grands, les plus connus et les plus courus, ne sont pas mieux traités. M. Huysmans a décidé qu'il n'y a rien de passable dans toute l'Eglise.

L'AUMONIER

Ainsi tous les prédicateurs sont l'objet des mêmes critiques.

LE MISSIONNAIRE

Ils sont exécutés de main de naturaliste. Après le modeste vicaire, il attaque en bloc les capucins qui, eux-mêmes, ne trouvent pas grâce devant lui, et qui sont les *tringlots* des âmes ; les dominicains, ces *hussards* de la religion : les anciens et joyeux *lanciers*, les régiments *chics* du Pape. C'est brillant, comme vous voyez. Son succès l'encourage et il prend à partie les Monsabré et les Didon, ces *Coquelin* d'Eglise, orateurs *choyés comme des ténors, produits* du Conservatoire catholique.

LE PARISIEN

Il force la note naturellement ; mais il y a bien quelque chose de cela dans l'idée que nous nous faisons à Paris de ces prédicateurs.

L'AUMONIER

Vous allez donc au sermon, Monsieur ?

LE PARISIEN

Oh ! Monsieur l'abbé, je vous ferais bien la réponse du Normand... Pour être plus précis, je vous dirai que j'ai entendu quelquefois le Père Monsabré pendant son cours de conférences à Notre-Dame, et une fois le Père Didon à la Trinité. Je ne sais pas si c'était un sermon, mais c'était un monde très mêlé, même pour une église. Les théâtres y avaient vidé leurs coulisses et, en attendant que le conférencier parût en chaire, on ne se gênait pas pour causer tout haut ou à peu près. Le souvenir que j'ai gardé du prédicateur, c'est qu'il ne devait rien avoir ni de Torquemada ni de Savonarole, à prendre ces personnages tels que nous avons l'habitude de nous les représenter.

LE MISSIONNAIRE

Et le Père Monsabré à Notre-Dame ?

LE PARISIEN

Celui-là, c'était bien différent. L'église était garnie... Un auditoire de braves gens très attentifs. Quand il était en chaire on l'écoutait, et cela durait une heure. Quand il descendait, on disait : Voilà qui est bien.

L'AUMONIER

Vous avez dit qu'il les appelle des Coquelin d'église : ce mot m'a intrigué.

LE MISSIONNAIRE

Ce n'est peut-être pas aussi dangereux que vous pensez, malgré l'intention peu bienveillante de M. Huysmans. Il veut dire seulement que les Pères s'efforcent de déclamer en chaire comme ce Coquelin fait sur les planches du théâtre.

LE CHANOINE

En d'autres termes, il les traite de comédiens, et c'est la marque de sa bienveillance ordinaire pour tout ce qui appartient au clergé.

L'AUMONIER

Oui, mais j'ai bien entendu dire que le Père Didon

provoque la critique. Voyez comme, cette année encore, il a fait crier contre lui dans tous les journaux.

LE MISSIONNAIRE

Vous attachez donc encore de l'importance à ces criailleries de journaux ? Un homme qui se respecte ne fait pas attention à cela : et il faut avoir toute la simplesse d'un député de Saint-Amand pour croire que c'est arrivé. Tenez, moi qui vous parle, j'ai dû faire un petit discours à une distribution de prix qui n'était pas présidée par le généralissime des armées françaises. Or, à quelques jours de là, mon député me traitait bel et bien de *sous-Didon*. On dit même qu'ils se sont frottés à deux pour faire percer cette pustule. C'est une petite maladie que Gambetta leur a inoculée ; depuis qu'il les a appelés des sous-vétérinaires, ils sont toujours sous... quelque chose. C'est égal, mon député a trop d'esprit. Vous verrez qu'il sera ministre.

UNE VOIX

En province...

L'AUMONIER

Nous voilà bien loin du Père Monsabré : J'avoue que je ne le vois pas bien sous la figure d'un Coquelin.

LE MISSIONNAIRE

Et vous avez bien raison : toute sa carrière est là.

LE CHANOINE

Il y a donc qu'il apprenait par cœur ses conférences et qu'il les récitait très exactement. Mais Massillon en faisait bien autant.

LE MISSIONNAIRE

Et puis, quelle raison peut avoir M. Huysmans d'affecter tant de dédain ? A ce compte-là, il ne resterait plus personne. Il est vrai qu'en cela, comme en tout ce qui tient à l'Église, ce critique atrabilaire n'a de considération pour qui que ce soit.

LE CHANOINE

Que voudrait-il donc ? Que le Père Monsabré fût un Bossuet ? Il est probable qu'il ne l'estimerait guère plus.

LE MISSIONNAIRE

Eh bien ! quoi ? le Père Monsabré n'est ni Bossuet, ni Lacordaire ; il n'a pas construit la cathédrale de Bourges, ni même Notre-Dame de Paris. Il n'en a pas moins édifié un respectable monument : les assises en sont solides, les lignes très régulières, la façade imposante, les fenêtres alignées et toutes de même dimension. Mais M. Huysmans avait un mot à placer ; il l'a mis là. Pour Mgr d'Hulst, il déraille absolument. Les gros mots sont au service de tout le monde, et Gavroche peut toujours m'injurier quand je passe. M. Huysmans a murmuré sur le passage de Mgr d'Hulst : *Belliqueuse mazette.* Il y a tant de choses qu'il n'est pas obligé de savoir, à commencer par ce qu'il dit.

L'AUMONIER

C'est égal, ce mot de Coquelin d'Eglise me tinte à l'oreille.

LE MISSIONNAIRE

Oui, vous vous rappelez sans doute que M. Huysmans a été ramené à l'Eglise par l'amour de l'art. Il le cherche en tout, dans la mystique, qui est un art ou plutôt la mère et la maîtresse de tous les arts, dans l'architecture, dans le plain chant, dans la statuaire, dans la peinture, dans toutes les formes sensibles du beau ; comment se fait-il qu'*à priori* il blâme les efforts que l'on peut faire pour honorer l'art, celui de la parole, dans la chaire chrétienne ? Vous l'avez entendu ridiculiser ce vicaire de Saint-Sulpice qui parlait simplement et sans apprêt, et voilà qu'il traite de même et plus durement les prédicateurs qui ne dédaignent pas les moyens humains pour assurer plus d'influence à la parole de Dieu.

L'AUMONIER

Ne voudrait-il pas dire que l'on sacrifie trop à je ne sais quel engouement du jour ? Il paraît que l'on donne aux élèves de nos séminaires des leçons de déclamation comme aux artistes qui sont appelés à jouer un rôle dans les pièces de théâtre.

LE MISSIONNAIRE

C'est bien ce qu'il appelle le Conservatoire catholique.

L'AUMONIER

Il est vrai que nous n'avions pas cela de notre temps. Je me demande si le besoin s'en faisait bien sentir et si l'on va bientôt interdire la chaire à ceux qui n'auront pas étudié le geste artistique.

LE MISSIONNAIRE

Vous tombez à votre tour dans l'excès. L'art de parler s'apprend comme tous les autres — *fuint oratores* — et la déclamation en fait partie. Je crois donc qu'il y faut une certaine culture, pourvu qu'elle n'aille pas jusqu'à l'affectation artistique. A tout prendre, j'aimerais mieux en chaire un rustre qu'un artiste. Le rustre est embarrassé de ses mains ; l'artiste se demande ce qu'il va en faire pour la correction de son geste. Mais l'homme honnêtement cultivé, qui parle sans préoccupation artistique, comme sans gaucherie, voilà l'orateur qu'il faut pour la chaire chrétienne. L'art n'y est passable qu'à la condition de n'y paraître pas. Etudiez le geste artistique, je le veux bien, pourvu que vous l'oubliiez en faisant votre signe de croix. Après cela, faites tout ce que vous voudrez, vous n'éviterez pas les traits de M. Huysmans, puisque sa raison d'être dans l'Eglise est de tout attaquer sans exception.

L'AUMONIER

N'a-t-il pas pu croire qu'il lui serait permis de dire son avis sur les prédicateurs au point de vue de l'art, puisqu'il s'occupe surtout de l'art ? Il me semble que cela peut être permis. J'ajouterais, au besoin, que le clergé gagnerait beaucoup à tenir compte de ces critiques un peu cuisantes.

LE MISSIONNAIRE

Assurément ; et n'était le parti-pris de ne rien trouver de bon, de déchirer à belles dents tous ceux qu'il prend à partie, d'être injuste enfin, je ne me serais pas arrêté à cette critique plus ou moins spirituelle. Ce qu'il y a de plus grave, c'est qu'il ne sait pas se borner aux questions d'éloquence et d'art. Déjà, dans cet ordre d'idées, il va très loin, jusqu'à parler des crimes de l'Eglise, sous prétexte que l'on voit dans nos chapelles et au-dessus de nos autels des Christ qui ne sont pas tous semblables à celui de Grunewald, des vierges ou des saints qui ne sont pas des primitifs. Les curés sont tous à ses yeux des ignares, parce qu'ils n'ont pas le goût mystique et naturaliste de M. Huysmans, qui, dans toutes les *bondieusarderies* du quartier Saint-Sulpice, ne trouve ni une statue ni un tableau qui mérite son indulgence.

LE CHANOINE

Puisqu'il en est ainsi, je comprends la nouvelle annoncée par les journaux de ce matin. M. Huysmans va s'établir à Ligugé.

LE MISSIONNAIRE

Il va à la Trappe retrouver le frère Siméon.

LE CHANOINE

Non, il se fixe à Ligugé, où il a l'intention de fonder une colonie d'artistes chrétiens.

LE MISSIONNAIRE

Comprenez-vous, maintenant? Il veut avoir son école naturaliste Pour la littérature, il peut se suffire à lui seul, en attendant que ses livres lui aient fait par le monde des admirateurs et des élèves qu'il n'a pas besoin d'avoir sous la main. Tandis qu'au point de vue artistique, c'est autre chose. Il faut un atelier; et cet atelier devra être digne de M. Huysmans. Ce sera une trappe, une abbaye, où il y aura de tout; et je suis sûr que le frère Siméon garde des gorets de sa truie pour M. Huysmans, qui en fera des modèles pour ses artistes.

L'AUMONIER

Vous plaisantez à l'occasion d'un fait-divers.

LE CHANOINE

Qui est tout à fait sérieux.

LE MISSIONNAIRE

Je n'en doute pas le moins du monde : tout cela se tient. Mais il y a encore autre chose qui ne vous fera pas sourire, c'est l'acharnement avec lequel cet écrivain poursuit le clergé tout entier de ses sarcasmes, de ses calomnies, d'outrages sans nom.

L'AUMONIER

Nous ne sommes pas au-dessus de tout reproche : sachons en convenir.

LE MISSIONNAIRE

Et le monde a le droit de nous critiquer. Accordons-lui le droit d'être sévère. Cette sévérité nous honore ; car elle prouve, en somme, que nos devanciers lui ont inspiré un sentiment vrai de la dignité du sacerdoce catholique. C'est très frappant, cet idéal splendide que le peuple garde du caractère et de la vie du prêtre ; si nous étions tentés de l'oublier, il nous le rappellerait vivement ; et c'est pourquoi les mauvais prêtres seront toujours parmi nous couverts de tant de mépris. Les scandales seront toujours des scandales, et nous pourrons toujours nous honorer de ce que l'on a pour nous des exigences réservées, jusqu'à cette apparence d'injustice de nous reprocher des fautes qui n'en sont pas pour les autres.

LE PARISIEN

Il est vrai que, sous ce rapport, l'égalité n'est pas pour vous.

LE MISSIONNAIRE

Nous ne songeons pas à nous en plaindre, et nous nous efforçons de ne pas nous enorgueillir, car cette inégalité fait notre gloire. Ce qui ne veut pas dire pourtant que M. Huysmans ait le droit de nous traîner dans la boue.

L'AUMONIER

Vous avez l'air de dire que ces injures s'adressent à tout le monde.

LE MISSIONNAIRE

Du haut en bas; et puisque vous le désirez, voici un morceau édifiant : « Voyez ce pape peureux et sceptique, plat et retors, cet épiscopat de simoniaques et de lâches, ce clergé jovial et mou. Voyez combien ils sont ravagés par le *satanisme*, et dites si l'Eglise peut dégringoler plus bas. — Les soutaniers ont maintenant des cœurs *lézardés*, des âmes *dysentériques*, des cerveaux qui se débraillent et qui fuient, ou c'est encore pis : ils *phosphorent comme des pourritures*, et *carient* les troupeaux qu'ils gardent ; ils sont des chanoine Docre, ils *satanisent* ». — Ailleurs, il atténue ses accusations : « Les prêtres sataniques sont relativement rares ; s'ils n'étaient que joueurs et libertins, mais ils sont tièdes, ils sont indolents, ils sont imbéciles, ils sont médiocres. » Les évêques « sont *péchés* dans le vivier des mauvais prêtres, ils s'attestent prêts à tout, sortent des âmes de vieux usuriers, de bas maquignons, de gueux, quand on les presse ».

LE CHANOINE

Ah ! mon ami, si vous n'avez pas tout dit, faites-nous grâce du reste. J'en ai assez, j'en ai trop. Cet homme se déshonore ; de tels outrages ne sauraient atteindre ni le Souverain-Pontife, ni les évêques, et j'ose bien dire aussi le clergé. A ce degré, c'est de la démence, et cela ne compte plus.

L'AUMONIER

C'est du satanisme.

LE MISSIONNAIRE

Je vous accorde que nous pouvons hausser les épaules, comme nous faisons dans la rue, quand un misérable nous injurie ; mais, croyez bien que si cela ne nous atteint pas, il n'en est pas de même de la foule. Les livres de M. Huysmans ont été lus, ils le sont encore.

LE CHANOINE

Croyez-vous que cela pénètre dans le peuple ? Il est rare qu'il achète ces sortes de volumes ; il se contente des feuilletons de journaux.

LE MISSIONNAIRE

Qui valent pour la plupart mieux que cela. Mais le volume qu'on n'achète pas on peut se le procurer à bon compte, puisque ces ouvrages se trouvent dans tous les cabinets de lecture populaires. Avez-vous cherché à vous rendre compte du mal que peuvent faire au sein de nos familles d'ouvriers des écrits comme ceux dont nous nous occupons ? Cela est incalculable, et l'impression qu'ils laissent est d'autant plus profonde, que l'auteur souligne ces accusations d'accents de conviction religieuse qui doivent paraître très sincères et qui rendent les préjugés indéracinables. Or, c'est avec des préjugés et avec des préjugés sincères qu'on fait les révolutions. Sans cela, l'humanité paraîtrait alors trop misérable dans ces accès de fièvre qui la secouent de temps à autre. Il y a, dans toute révolution, les hommes de tête qui dirigent, ce sont les plus coupables ; puis les brutes, qui versent le sang ; enfin, la foule, qui suit, en proie à une idée fausse qu'elle croit vraie, à un préjugé pour lequel elle se prend d'une ardeur de générosité souvent admirable. Qui dira ce que les criminels écrivains de ce siècle ont semé, cultivé, fait éclore, au soleil du crime et des révolutions, de préjugés de toutes sortes ? Qui dira ce qui, par leur fait, s'amasse de haines latentes au cœur du peuple contre ce clergé sans cesse en butte à la risée impitoyable, à l'atroce calomnie, aux traits homicides de vos romanciers ? Qui dira à M. Huysmans lui-même, ce que ses livres auront fait monter de blasphèmes à la bouche d'hommes qui le croient sur parole ; et ce qu'il aura mis de désespérance au cœur de femmes chrétiennes, qui n'ont plus foi dans une Église servie par un tel clergé ?

LE CHANOINE

Cette race est donc vraiment la race maudite.

LE MISSIONNAIRE

Oh! il ne serait pas difficile de leur pardonner leur faute si leurs coups n'attaquaient ces masses innocentes. Pour nous, nous pouvons ordinairement nous défendre, et, quand nous ne le pouvons plus, nous avons la ressource de nous sacrifier. Oui, quoi qu'ils fassent depuis Voltaire pour nous mettre sous les pieds ; quoique Arouet nous appelle « paysans trempés dans l'encre » et que M. Huysmans, détrempant dans son inexplicable sottise le mot de son premier maître, nous appelle à son tour la *bedeaudaille ;* nous ne sommes pas encore anéantis. Bedeaudaille et paysans, cela signifie la même chose. Eh bien! nous ne sommes pas assez sots pour en être humiliés. Qui n'est pas paysan ou roturier? Le premier Montmorency s'appelait Bouchard, un nom passablement roturier et paysan. C'est pourquoi les autres Montmorency de la vraie noblesse n'ont jamais dédaigné ni le paysan de leurs fermes, ni celui du presbytère.

LE CHANOINE

Nous le sommes tous aujourd'hui.

LE MISSIONNAIRE

Oui, et « j'en parle aussi fièrement qu'un autre ». Quand je me reporte par la pensée aux premières années de mon enfance, je me retrouve dans cette campagne où j'ai grandi jusqu'à douze ans. Que de souvenirs se lèvent autour de moi! Je revois la vieille maison, aujourd'hui disparue — avec tant d'autres choses — où ma mère mourut; jeune, nous, petits. Je retrouve ces champs, ces prés, ces haies, ces arbres et ces bois. Excepté la terre, tout est changé, et mes souvenirs seuls peuvent lui rendre son ancienne parure. Elles étaient dures au cultivateur, ces années de la fin du Gouvernement de Juillet et de la République ; mais les propriétaires étaient souvent bons. M. Philippe de Bengy, père du martyr de la Commune, et de tant d'enfants dignes de lui, était de ceux-là. Nous ne l'avons pas oublié! Le paysan faisait alors comme il pouvait pour se défendre ; il y avait des impôts en moins et quelquefois des loups en plus. J'ai encore leurs hurlements dans les oreilles, et je n'ai pas oublié que, quand ils devenaient trop hardis, mon père prenait son fusil. Je suis prêtre et je n'ai pas de fusil ; mais, quand le loup menace le troupeau, je me souviens de la plume que Dieu m'a donnée, et, sans craindre de m'exposer aux représailles, je la prends pour la défense de mes frères.

LE PARISIEN

Merci, mon ami. Je n'ai pas l'habitude d'entendre de tels accents dans le monde où je vis.

LE MISSIONNAIRE

Ah ! c'est que vous autres, vous ne travaillez pas pour l'Eglise. Voilà pourquoi nous sommes si forts dans notre faiblesse, dans notre méprisable et gauche allure de paysans.

L'AUMONIER

Je me demande ce que va faire M. Huysmans quand il saura tout ce que nous avons dit de lui.

LE CHANOINE

Il se vengera peut-être.

LE MISSIONNAIRE

Non, il rentrera en lui-même, et il se dira que des prêtres qui ne le connaissent pas n'ont pu le traiter ainsi sans les plus graves raisons, et il reviendra de son erreur.

LE CHANOINE

Mais il trouvera que la leçon est vive, le bois vert, les blessures profondes.

LE MISSIONNAIRE

Il se rappellera celles qu'il a faites à d'autres et à l'Eglise et il s'humiliera. Nous avons été pour lui sévères, mais justes, au fond très charitables ; et si nous l'avons contristé, c'est à la façon de saint Paul : *ad pœnitentiam.*

LE CHANOINE

Dieu veuille qu'il le comprenne !

TABLE DES MATIÈRES

	Pages
Préface	5

PREMIER ENTRETIEN

La Question	15 à	79
Discussion		16
Le chanoine et l'aumônier		17
Pour et contre		18
Le missionnaire		19
Heureuse conversion		21
Soupçons		23
Les parrains de M. Huysmans		24
Taxil		27
Un article de journal		30
Un article de Louis Veuillot		33
Précautions		36
Durtal-Huysmans		37
Trois ouvrages		38
Un vent de conversion		40
Les lecteurs de M. Huysmans		43
Le Parisien		46
La bohême et le noble faubourg		52
Les mystères de la vie catholique		55
Conversion de romancier		55
Le déjeuner d'Ezéchiel		56

	Pages
Roman vécu	60
Cloisons étanches	61
Préface	62
Confession	64
Sainte Lidwine	67
Prophétie	69
Sur le Parisien	72
Projet de brochure	75
Dangers	76
M. François Coppée	77
Résolution	78

DEUXIÈME ENTRETIEN

Examen critique	85 à 154
Surprise	84
À quatre	86
Doux Sicambre	88
Livres à brûler	88
Conversion de Voltaire	89
L'odeur des mots	90
Pensionnaires de l'enfant prodigue	91
La vie privée	92
La vertu et la peste	93
À huis-clos	95
Trois foyers	97
Gilles de Rais	97
Épisode de Velléda	98
Deux écoles	99
Chanoine Docre	102
Satan de Milton	104
Paul Féval	106
Confession d'écrivain	107
Ce pauvre Holopherne	110

	Pages
Création de génie	112
Chien mouillé	114
Indulgence et principes	115
La traite des écrivains	118
Procès à faire	120
Sous le bras de Notre-Dame de Chartres...	122
Prière	131
Inconscient	135
Les jeunes	138
« Le Disciple »	141
Chimie d'âme	144
Confession	146
Le chapelet	147
Grâce pour les religieuses	152

TROISIÈME ENTRETIEN

		Pages
Un Naturaliste dans l'Église	157 à	230
Critiques		158
Abbé socialiste		162
Disciple de Zola		163
Naturalisme mystique		164
Descriptions		166
Les bœufs		169
Critique littéraire		171
Le latin		179
Le français		182
Humilité naturaliste		186
La mystique		187
Morceaux choisis		188
Théorie		189
La mystique et l'Église		190
Le Sacré-Cœur		193
Au XVIIe siècle		195

Pages

Idiots 198

Comment on devient grand homme 200

Pruderie 201

Décolletage 204

Un mot de Bossuet 206

Lasserre et Zola 211

Le clergé 213

Prédicateurs 215

Ministre... en province 218

Coquelin en chaire 218

A Ligugé 222

Outrages 223

Préjugés 226

Paysans 227

Souvenirs 228

Plume et fusil 229

Ad pœnitentiam 230

BOURGES. — IMP. M.-H. SIRE

DU MÊME :

La Vérité sur Mgr Darboy.. . . . 1 50

La Persécution : Lettre d'un Catholique à M. de Mun. 1   »

Chez l'Auteur